從新手變行家，**勝率逾7成的投資獲利術！**

外匯交易
圖表分析入門

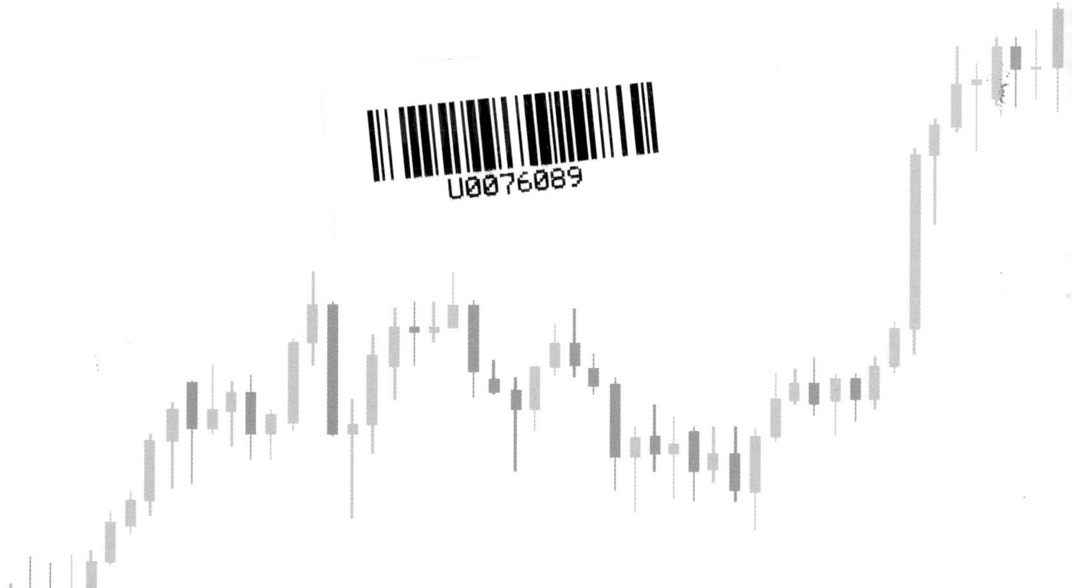

陳 滿咲杜／著　陳識中／譯

前言

精通外匯交易就跟學習一門外語很像。

對於連前後左右都分不清楚的外匯初學者而言，匯率的價格變動就跟從未聽過的外國語言一樣。

每個價格變化都有其「意義」，但要「聽懂」其意義就必須經過訓練。

只要藉由練習累積經驗，相信每個人最後都能用自己的方式，理解價格變化背後的市場真實面貌及投資人的心理。

然而，學習一門外語並不是光「會聽」就好。聽懂之後，還要會用自己的話「說出來」。

解讀當前的匯率變化，建立「因為現狀如何如何，所以接下來會如何如何」的預設和計畫，接著採取進行實際交易的「行動」，是這一步驟中的課題。

只會把腦中的母語翻譯成外語後用一兩個單字表達的交易員，是跟不上真實世界的價格變化的。或者說是趕不上。

想在時時刻刻充滿變化的外匯市場自由漫步，就必須具備不靠口譯，可以直接在腦中浮現外語的速度和靈敏——。

本書介紹的外匯交易手法「價格行為（Price Action）」，也就是「價格變化」的意思。

《約翰福音》說「在起初已有聖言」，而外匯則在起初已有價格變化。

外匯市場中最先出現的，以及無論何時都最重要的資訊，就只有「價格變化」。

所謂的價格行為就是一種解讀價格的變化、解讀K線圖發出的訊息，也就是市場的「語言」的技法。

為什麼是價格行為呢？

這是因為「外匯保證金投資的利益全都來自價格的變化」，僅此而已。

日本的投資格言中，也有「市場的事去問事物本身」這句話。

想在外匯市場獲得成功，唯一的方法就是傾聽市場價格變化所發出的「聲音」。

價格行為對歐美的投資家而言，就像是外匯投資「入門的第一步」。可說是再自然不過的投資手法。

然而，市面上卻很難找到以體系化方式介紹價格行為的書。而筆者自信，只要讀完本書，你就能透過書中介紹的眾多實例研究，將價格行為活用在實戰中。

筆者由衷祈禱，K線圖的真實與價格行為分析法，能為你的外匯投資之旅提供巨大的幫助。

2018年8月

序章

趨勢的形成背景為何？

第1章

外匯的真實、價格行為為何？

價格行為的訊號

第2章

使價格行為更發光發熱的最強技術分析
GMMA的看法和用法

第3章

使用價格行為+GMMA實際進行交易

第4章

序章

趨勢的形成背景為何？

價格變化乃因多頭、空頭的攻防而生

外匯保證金的交易是一種有人贏就有人輸，典型的零和遊戲。

而股票投資，只要投資企業成長或是營利增加，所有的投資者都可能成為贏家。相對地，在只是「交換」各國通貨的外匯市場，美元對日圓的價格上升10％，就代表日圓對美元的價格下跌10％。

有人買美金而賺到錢，就代表有人買日幣而賠錢，正負為零的嚴酷世界就是外匯市場的現實。

因此從事外匯保證金交易（以下簡稱外匯交易）時，必須從價格變化察知買方和賣方誰是贏家或輸家，懂得先下手為強，對輸家落井下石，而且絕不留情，沒有任何道德準則。

那麼，製造出匯率波動的，究竟是誰呢？

那就是特定貨幣對的買家「多頭」與賣家「空頭」。

外匯的價格變動，在某種意義上就是因多頭與空頭的攻防而生的。

一般來說，如果多頭勝利則匯率上升；如果空頭勝利則匯率下跌。

當空頭乍看之下暫時獲得勝利，卻馬上遭到多頭猛烈反擊而敗走時，就會在線圖上留下長長的「下影線」，遭到痛擊的空頭投資者雖然先發動了攻擊，卻受到比普通敗戰更嚴重的傷害（圖

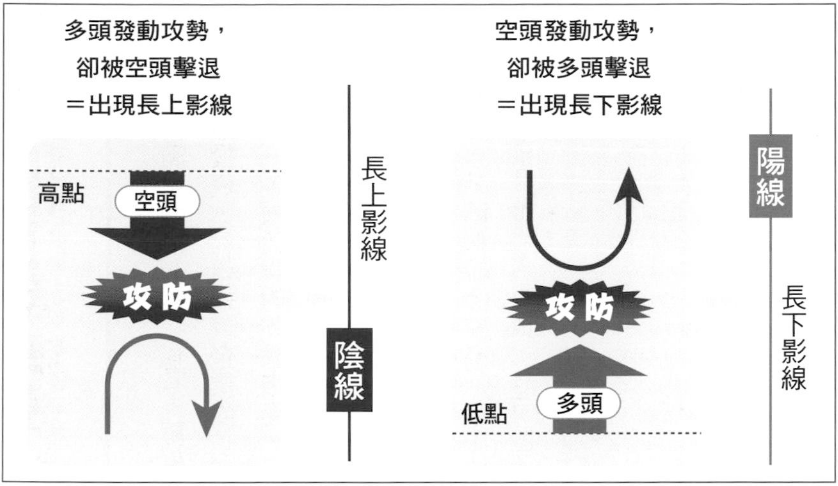

圖1

1）。

而從上述這種Ｋ線的動態解讀出多頭空頭兩方的攻防，並預測匯率市場接下來的發展，就是所謂的「價格行為」分析法。

世上雖有移動平均線、布林通道、一目均衡表等各種五花八門的技術指標，但這些指標的基礎全部都是價格的變化。而為所有技術指標奠定基礎，產生最直接的第一手訊號的就是價格行為。

舉例來說，在外匯投資的世界裡，現正逐漸轉向使用演算法或ＡＩ（人工智慧）來操盤，並出現了如比特幣這種新的投機市場，但這些新技術或新市場的背後，依然潛藏著人類特有的欲望或情感、心理、思考與行為模式。而價格行為分析法就是去解讀它們。無論交易技術如何進化，這種方法的有效性都不會改變。

技術分析比基本分析重要

掌握外匯市場的途徑，可分為從各國的經濟狀況解讀通貨強弱的基本分析，以及從過去的價格變化來把握現狀的技術分析兩種。

而我認為，技術分析才是個人投資者在外匯市場取勝所需的最強武器。

如果外匯市場真的按照基本分析的預測變動，那麼各國的匯率即使可固定用「能買幾個大麥克漢堡」當成指標也不奇怪。

以一物一價的原則來衡量匯率的方法叫做「購買力平價」，但現實的外匯市場卻跟該理論推算出的匯率有極大的差距。

基本分析所考量的是利率差、經濟成長率和通膨率等指標，確實從長期來看，匯率的水平會依照基本分析的結果變化，但要鉅細靡遺地解釋具體匯率市場的價格波動，靠基本分析是不可能辦到的。

「只要日本和美國的GDP比是多少，美元／日圓的匯率就會變成多少」，這種可靠的方程式或計算式並不存在。

如果是股票投資的話，確實存在著長期緊盯「優良企業」或「未來會成長的企業」這種基本分析式的投資途徑。然而，像外匯保證金投資這種有人贏就必然有人輸、零和遊戲性質很強的市場，價值的概念本身就很模糊。匯率的推移也不過只是反映出參與市場的多頭和空頭的交戰結果。我將多頭、空頭的攻防所代表的**市場參加者間，看不見的角力關係稱為「內部結構」**。

藉由更精確的技術分析，看出隱藏在匯率波動下的內部結構，搭上勝利的列車，才是在外匯投資中贏得勝利的捷徑。其中很重要的一項原則，就是在線圖上出現暴漲暴跌等巨大價格波動的背後，輸家的數量往往遠大於贏家這個殘酷的事實。

例如當匯率持續上升時，贏家為靠做多獲利的多頭，但做多的基本原則卻是「盡量買在低價」。換言之，在持續上升的行情已經有所獲利的情況下，就不適合再貿然追高，對交易的緊迫感也相對較弱。

相反地，靠做空獲利，匯率上升時虧損便會持續擴大的空頭又是如何呢？他們的資產因為損失擴大而逐漸減少，被逼至絕境，處於相當緊迫的狀態。萬一追加賣單後匯率仍不停上揚，損失繼續擴大，他們就會希望盡可能控制損失，急著下買單平倉止損。

那種緊迫感和沒有退路的狀況，跟判斷是否要實現獲利是無法相比的，投資人為了阻止雪崩，往往會急著殺出退場。

空頭要停損平倉必須下買單。因此落敗的空頭的停損行為，就是導致匯率急速上升的原動力。

另一方面，只要聚焦於投資人投資的目的，便會理解無論多麼強勁的上升或下跌趨勢，總有一天會失速。

投資人投資外匯的目的只有一個，就是靠匯率的變動賺取利益。

匯率持續上升時，身為買方的多頭在想什麼呢？

一旦匯率依照預測，買進部位有了獲利，他們很自然就會「為了避免之後匯率下跌而實現獲利」。因此如果匯率持續上升，一部分的多頭就會進行獲利了結，這必然會使匯率暫時下降。

上升過程中出現的小跌（回檔），以及下跌過程中出現的小回漲（反彈），是市場參加者進行外匯保證金買賣時無法避免的價格變動。

觀察圖表，無論哪一種貨幣對，價格都會出現如鋸齒般的峰（高點）谷（低點）就是這個原因。

市場參加者的停損和獲利了結，這兩種買賣行為會使市場反覆上下波動。而從這種價格波動的特徵解讀市場心理，預判投資人接下來的行動就是價格行為。

止損的行動	止損是用市價單進行「無論多少錢都沒關係，總之快點成交」的買賣行為，容易導致急遽的價格波動

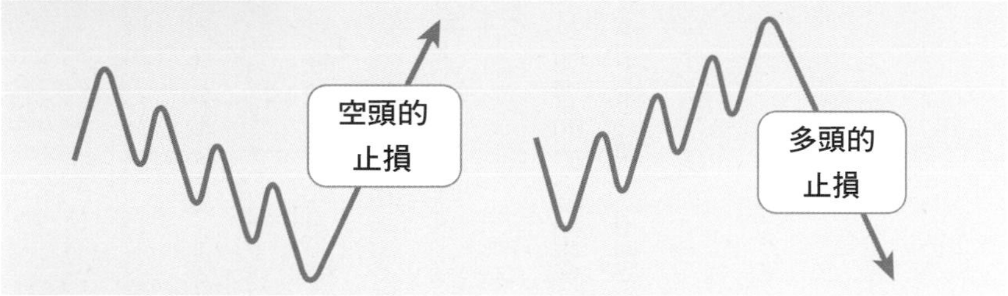
空頭的
止損
多頭的
止損

獲利了結的行動	獲利了結是用限價單進行的分散性行為，所以波動比較緩和，容易呈現規律的上下波動

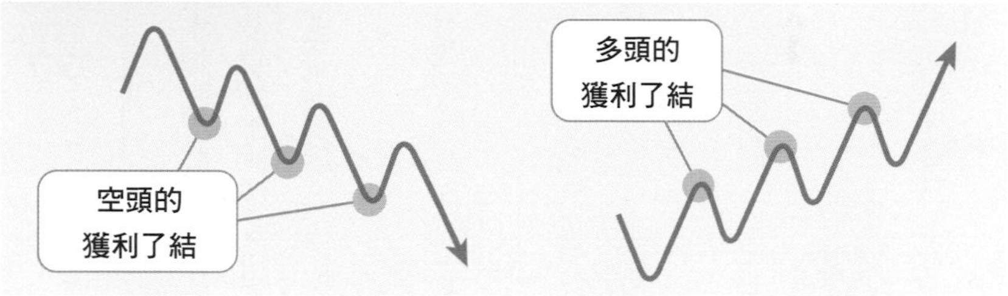
多頭的
獲利了結
空頭的
獲利了結

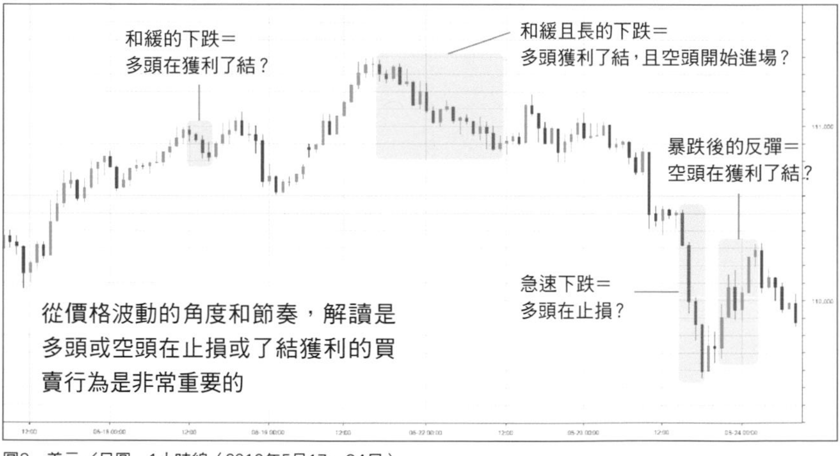
和緩的下跌＝
多頭在獲利了結？
和緩且長的下跌＝
多頭獲利了結，且空頭開始進場？
暴跌後的反彈＝
空頭在獲利了結？
急速下跌＝
多頭在止損？
從價格波動的角度和節奏，解讀是多頭或空頭在止損或了結獲利的買賣行為是非常重要的

圖2　美元／日圓　1小時線（2018年5月17～24日）

投機心理與趨勢的關係

趨勢對於外匯交易十分重要。趨勢會顯示匯率的方向，而趨勢的背後則是買方與賣方、多頭與空頭的勢力之爭。

若多頭獲勝則為上升趨勢，空頭獲勝則是下跌趨勢，而雙方勢均力敵就是整理行情。所謂的趨勢，其實就是市場的內部結構。

一如先前所見，趨勢的開始往往不是因為勝方，而是敗方的止損行動所導致。

一旦多頭或空頭的其中一方明顯落敗，勝方就會對輸家落井下石、窮追猛打，吸引大批新的投資者加入自己，而那些喜歡逆勢而行的投資家的停損行為則會使趨勢加速。

如果說推動趨勢的能量並非來自趨勢跟隨者的新買單，而是那些逆勢投資者的停損行為，很多人大概無法相信吧。

明明趨勢那麼明顯，竟然還冒險跟大趨勢對賭，簡直就和主動衝向全速行駛而來的電車沒兩樣。

然而，無論是散戶或是專業交易員，都存在很多想要「賣在天花板、買在樓地板」的人。「想盡可能在高點賣掉」的欲望，會使人把上升趨勢初期的急漲誤判為「漲過頭」，逆勢去開出賣單。而把下跌趨勢中的暴跌當成「撿便宜」的「勇者」，則會像接飛刀一樣地進場買進。

在某種意義上，即使說這些跟趨勢過不去的人就相當於趨勢的「肥料」，使趨勢茁壯增長也不為過。

只要觀察外匯公司公布的買賣動向，便會發現日本的散戶中存在十分頑強的「逆勢志向」。在日本，擁有「上漲時就賣，下跌時就買」這種逆勢志向的散戶投資人，比順勢投資派的數量還多的事實，就連其他國家的專業投資者也都知道。

顯示整體散戶買賣方向的淨部位動向，對於專業投資者來說是非常重要的指標。這是因為淨部位的平衡愈偏向某一方，行情愈容易往逆勢操作的散戶投資者整體預想的反方向移動，所以與其對賭時非常容易獲利。可以說擁有強烈逆勢志向的散戶投資人完全就是市場的「反面教材」。

眾多散戶以「輸家」的身分支撐著外匯保證金這個零和遊戲，是個令人難過的事實。想在外匯保證金投資中獲得成功就必須擺脫根深蒂固的逆勢志向、成為趨勢的跟隨者，並隨時將技術分析和價格變動的分析放在心上。

而價格行為分析和趨勢系指標組合後的強大之處也在於此。

傾聽價格變化發出的「聲音」

價格行為分析的起點，在於傾聽K線發出的「聲音」。

圖3是2016年11月9日，唐納．川普當選美國第45任總統時，美元／日圓的日線圖。

圖中放大的那條長長的**K線**A，就是川普當選總統當天的價格變化。

乍看之下，各位有感覺到什麼嗎？

圖中明顯可見，當天留下了一條很長的下影線，波動幅度相當極端，達到了5日圓左右，美元／日圓在一天之內激烈地上下波動。

由那條非常罕見的超長下影線，可知當天美元／日圓曾大幅跌破過去的低點，換言之，空頭拋出大量賣單攻擊了多頭。

下影線＝在暴跌的途中，多頭丟出了大量低價的止損單，同時認為「川普當選總統＝世界末日」的空頭也丟出大量的新賣單，使市場急速下跌。

然而，美元／日圓在觸及下影線尾端的低點後突然180度大反轉，一路上升到比前日收盤價稍高的位置，最後變成收盤價高於開盤價的陽線。

這個急速反轉的現象背後，意味著多頭空頭的形勢出現大逆轉，原本窮追猛打的空頭反而開始拚命丟出止損的買單。對空頭而言簡直就是「兵敗如山倒」。

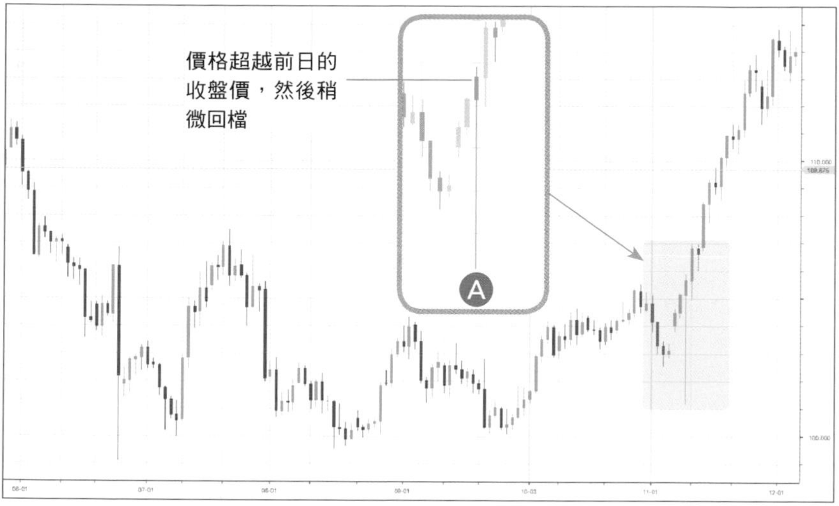

圖3　美元／日圓　日線（2016年5月27日～11月30日）

因為抱著大量的賣出部位，想要買回卻又找不到願意賣的對象，零星的賣單陸續與止損的市價單成交，才使得匯率一口氣反轉。

一旦觀察**圖3**的K線，從中解讀出背後空頭崩盤、多頭大勝的動向，後面的行動就相對簡單多了。

換言之，在看到前述的跡象和價格變動模式後，我們便可以確定「空頭的止損不會只在這一天就結束，而且新的多頭會加入市場，點燃美元／日圓未來繼續上漲的動力」，然後毅然加入買方的行列。

簡單來說，**圖3**的K線處發生的價格變動，就是「儘管中間一度暴跌，但隨後漂亮地反轉上升」。

在當時的外匯市場上，一旦主張反移民和保護主義的川普當選美國總統，美元／日圓一定會暴跌，乃是整個市場一致的認知。

同時，大家也非常相信川普不可能會當選世界第一大國的總統。沒想到選舉結果卻跌破大家的眼鏡，使得市場動搖，導致美元／日圓一度暴跌而留下長下影線。然而，「不對，如果主張大規模減稅和大規模公共投資政策的川普當選總統，美國的景氣將會迅速好轉。而且聯邦政府為了填補財政赤字將會大量發行債券，長期利率也會上升，從日美利差擴大的角度來看，這種時候不是應該買進嗎？」的樂觀心理又隨之迅速加溫。

結果乘著這股氣勢，美元／日圓的價格又急速逆轉漲回前日的收盤價，最後從最高價微微收回，結束了戲劇性的一天。

而在價格行為中，非常重視這種極端的長影線。

單看圖3川普當選總統時出現的**K線A**的超長下影線，我們就能聽到原本想趁勢做空，卻被價格的反轉殺得措手不及的空頭「慘叫的聲音」。

不知各位是否看出了市場環境僅因這區區一條K線（價格變化）就完全轉變，以及原本持續下跌的美元／日圓將轉為上升趨勢的「訊號」呢？

超長的下影線顯示了靠做空獲利的空頭敗北，而空頭的氣勢受挫之後，市場趨勢就很容易往反方向移動，換言之多頭的買進力道將增強，使趨勢轉為向上。這就是看到下影線時基本的思考方式。

相反地，超長的上影線則暗示多頭撤退，其後空頭的勢力將會增強。

能否光從一條影線就解讀出其背後激烈交戰的多頭、空頭真槍實彈的金流攻防，將是身為弱者的散戶投資者在外匯保證金這個戰場活下來的關鍵。

關於圖3的K線A發出的具體訊號，我們會在84頁後詳細解說。

然而，據說當時很多日本的散戶，幾乎都毫不懷疑地深信川普當選總統＝賣美元，所以逆勢去開出賣單，蒙受了巨大的損失。

要是他們稍微懂得一點價格行為的「文法」，就不會淪為失敗組的一員了。

換句話說，若能從這條長下影陽線察知美元／日圓將轉為上升趨勢，並在這條K線突破前段高點的位置一點一點地買進，就能在之後的大漲中獲得巨大的收益。

價格行為的預測容易命中的理由

技術分析的原則就是愈多投資人關注的東西，愈容易準確預測。移動平均線和布林通道等技術指標，如果不從價格變化中取出參數套入運算式，就無法顯示在線圖上。

而全世界的外匯投資人在圖表上最先看到的，一定是K線的價格變化，也就是價格行為。技術分析並不是那種一旦瞭解的人愈多，就會變得陳腐而喪失有效性的工具。相反地，愈多投資人重視價格行為，其有效性和確實性反而愈高。一言以蔽之，「愈多投資人懂得價格行為，價格行為就愈準確」。

當然，實際上問題並沒有那麼單純。畢竟，無論是散戶投資者或是法人投資者，都存在許多腦袋精明，想要完全掌握市場的強者。他們互相鬥智，想要比對方搶先抓住機會，並設法設下陷阱讓對方掉入。

而價格行為的優越之處，則在於把市場的不確定性本身當成一種「假訊號」，並嘗試去解析這些因不確定性而產生的價格變化。

仔細想想，若沒有「誰也不確定匯率市場未來的動向」這種不確定性，就不會產生價格的波動。正因為「誰也不知道未來會發生什麼事」，才會出現有獲利機會的價格波動，這就是外匯保證金交易的精髓。

就好像日文中「沒關係（結構です）」這句話，可以同時代表Ｙｅｓ或Ｎｏ兩種意義，說的人和聽的人可能產生完全相反的理解一樣，如何理解市場的語言也端看交易者本身。

好比京都人嘴巴上常常說「請進請進」，其實心裡卻想著「拜託早點離開」，語言本身往往具有雙重的意義。

而一如外地人剛到京都時，常常因為不瞭解這種語言的「多重結構」而吃虧，如果對外匯市場的價格變化也都照單全收，便很容易在之後嘗到苦頭。

這種市場的「惡作劇」或「不講理」會以技術指標的「假訊號」出現。

許多技術分析都把假訊號視為該技術指標的極限，但在價格行為中，則把價格變化產生的假訊號本身也當成一種訊號。

以前面提到川普當選總統時的歷史性Ｋ線為例，這種極端的長下影線就是一種「假訊號」。然而，超長下影線的假訊號背後，也能清楚反映出一開始想靠賣出決勝卻遭受毀滅性打擊的空頭的歷史性敗北。而能否解讀出其中的背景，以及聽出市場參與者在假訊號底下的慘叫聲，就是成敗的分水嶺。

換言之，「假訊號就是最好的訊號」正是價格行為最核心、最嶄新的思考方式，也是價格行為分析優於日本傳統的罫線分析之處。

「利益全因價格變化而生」

「要掌握現狀唯有分析價格變化」

「大家都在關注的東西最精準」

「假訊號也有對應的方法，假訊號正是最好用的訊號」

上述這些基本原理，正是價格行為被稱為外匯保證金交易最大公因數的原因。

如果問「為什麼需要價格行為分析」，就跟問魚為什麼需要水是一樣的。

價格變化是全體市場參與者的行動總合而成的結果，但所有投資人都認為「自己的行為是出於合理的判斷」。

而其依據的「邏輯＝文法」，就是價格行為。只要藉由反覆的訓練，弄懂隱藏在外匯投資語言背後的文法和邏輯，就能讀出外匯市場的流動和價格變化的方向。

一如想流暢地說好外語一樣，唯有能掌握價格變化的形式、脈絡、市場的起承轉合和故事，才能清楚分析市場的現狀。

第1章

外匯的真實、價格行為為何？

價格行為與酒田罫線的差異

「Price Action」翻成中文就是「Price＝價格」的「Action＝行動」。換言之，就是「價格的變動」，這是非常簡單的一個詞。

價格行為的理論在歐美的投資家之間被視為一種「由價格變化本身掌握市場現狀，建立交易計畫的技巧」，非常普及，現在也有很多人在使用。

由於價格行為不需要使用什麼特殊的計算公式，只需觀察價格變化本身然後去感覺，故此理論對歐美投資家所有的市場分析和投資行動，均以半「無意識」的方式產生了極大的影響。

在日本，使用K線來預測價格變化的技巧稱為「罫線分析」，受到極大的重視。其中尤以江戶時代在米市中使用的「酒田罫線」最為有名。

從同樣是分析價格變化這點來看，價格行為與日本的罫線分析有很多共同之處。然而，在價格變化的聚焦部分及著重之處，卻有些不同。

價格行為所重視的是價格波動底下投資人的損益情形，以及買賣雙方投資人的角力攻防。既然所有的價格變化都是由投資人的買賣行為產生，如果不從價格的變動讀取投資人的角力關係就無法掌握現狀。如何從高點和低點的刷新與支撐帶、抵抗帶的存在，解讀出此類投資人的訊息，便是價格行為的本質。

正因為身為市場主要構成的歐美投資人非常重視價格行為，所以價格行為才比日本的酒田罫線等分析方法更加流行，這符合了「因為大家都關注，所以容易預測」的法則。

儘管如此，解說價格行為的相關書籍在日本卻相當稀少。所以，傳達這項真實的意義才更為重大。

然而，即使在歐美主流的價格行為中，也同樣使用誕生自日本的K線圖來分析價格變動。若是原本就對酒田罫線有所瞭解的人，應該可以非常自然地理解價格行為的理論。

兩者的差異在於，它們所關注的價格波動的焦點不一樣。

日本的罫線分析是依實體部分的長度，將K線分成「大陰線」、「小陽線」等不同線形的組合，並從上影線、下影線的長度來觀察價格波動的力道。

相對地，歐美的價格行為分析法雖然也注重K線的形狀，但比起單根K線的線形，更關注當日與前日的K線收盤價和高點、低點的比較。

在歐美，一般習慣從「趨勢（方向）」和「動量（力道）」這兩個基準來觀察價格波動。

所謂的「趨勢」是在連續的價格變動中，價格突破高點或跌破低點而產生的。

至於「動量」，則是觀察價格突破高點或低點的力道或角度等強弱。

把重心放在「分析價格變動產生的趨勢和動量」，就是歐美流的價格行為與日本的罫線分析不太相同的地方。

圖1－1所畫的是大家八成都認識的K線結構。請各位再仔細看一遍。這裡顯示的價格變化，

乃是投資人實際的交易行為所產生的。該日的最高價就是某些投資人實際買入此貨幣對並虧損的價格，而最低價則是另一些投資人實際賣出並虧損的價格。

分析價格行為的時候，隨時意識到價格變動直接反映了投資人的買賣行為是很重要的事。例如，當K線為陽線時，代表以當天的開盤價買進的投資人，因為收盤價高於開盤價，所以是賺錢的。相反地，以開盤價新建賣出部位的投資人，在收盤的時間點確實是虧損的。

而雖說是陽線，但若買在當天K線的上影線頂點，也就當日最高點的話，因為收盤時的價格低於最高價，所以投資人確實是虧損的。

K線顯示的「開盤價、最高價、最低價、收盤價」背後，代表實際上存在著以這些價格買賣的投資人，而他們的損益情形則由K線的形狀決定。

正是因為如此，「當天的收盤價突破前日高點」、「當天的收盤價跌破前日低點」的認識，以及「雖然價格到達近幾日的最高點，但最後卻跌破前日低點作收」等分析才有重大的意義。

價格行為所重視的是，可從K線的形狀推測出的投資人的角力關係和損益情形。「大陽線」代表買方的勝利，「大陰線」代表賣方的勝利，而「長上影線」則是買方雖然發動了攻擊，卻被賣方的反擊擊退、陷入危機的最佳證明。從K線的形狀可以判斷多頭與空頭何者處於優勢，對於掌握現狀很有幫助。

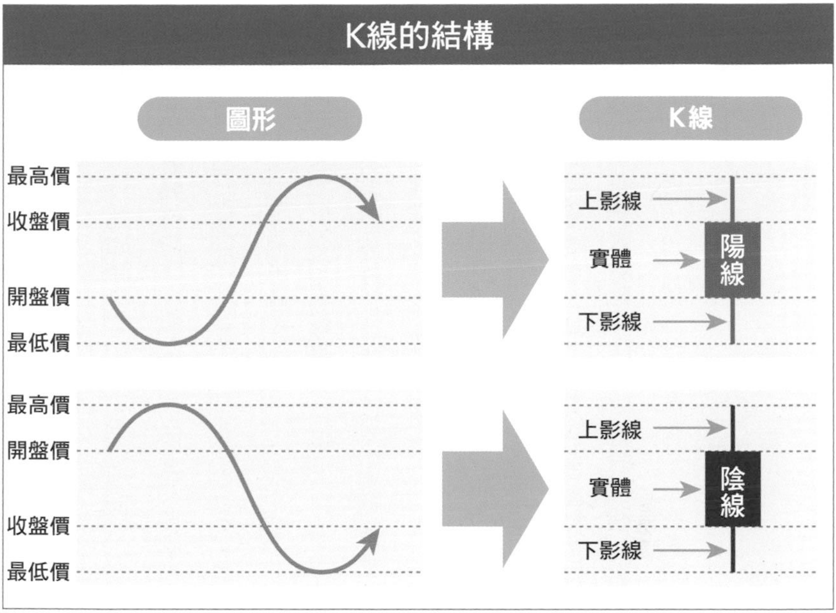
K線的結構
圖形
K線
最高價
收盤價
開盤價
最低價
上影線
實體
陽線
下影線
最高價
開盤價
收盤價
最低價
上影線
實體
陰線
下影線

圖1－1

價格行為重視上、下影線

日本的罫線分析，十分傾向把K線的形狀本身當成訊號。

與此相對，歐美的價格行為則不囿於將K線型態化後的線形，更重視的是K線是否突破過去的高點或低點，比起線形更重視變化自身。

歐美技術分析的始祖查爾斯・道（Charles H. Dow）主張「若價格突破最高點為上升趨勢，跌破最低點則為下跌趨勢」，並嘗試用「趨勢＝潮流」的概念來理解價格的波動。

而在受到該理論影響極深的價格行為中，也十分重視過去的高點和低點。因此，雖然同為K線的一部分，但比起實體部分的上緣和下緣，也就是開盤價和收盤價，價格行為理論更重視上影線和下影線所代表的最高價和最低價。

諸如川普當選總統、英國脫歐、北韓試射飛彈、美國就業率統計，以及決定美國利率政策的聯邦公開市場委員會（FOMC）發布新消息等，當政治或經濟方面發生大事件時，市場就會發生地震，並在線圖上留下極長的上影線或下影線。

有的投資家將容易受到突發性要素影響的「影線」視為非常態的價格波動，不太重視。然而，任何價格變動必然有其意義，被當成「例外」或「異常」的上下影線之所以存在，也是因為有人實際去買或賣。

上影線的尾巴存在著買到最高點而賠錢的買方，下影線的尾巴也存在賣在最低點而賠錢的賣方，而他們的買賣痕跡，將對之後的多頭空頭攻防戰產生很大的心理影響。

上影線的漲勢最尾端會被當成下跌可能性極高的抵抗帶，成為多頭容易害怕遭到空頭痛擊、充滿不安和恐懼的價格帶。

相反地，下影線最尾端的位置則會變成上漲可能性極高的支撐帶，對空頭而言是需要警戒被多頭反擊、傾向進行買回以了結獲利的價格帶。

而當價格突破容易產生心理壓力的抵抗帶或支撐帶時，若是突破抵抗帶就代表多頭的勝利，跌破支撐帶則代表空頭的勝利。

此時原本是空頭最後防線的抵抗帶就變成多頭占據的支撐帶，而原本為多頭城池的支撐帶則變成空頭的新陣地。

世上眾多的投資人，比起實體之所以更重視影線所代表的高點和低點，從另一個角度來看，正是因為價格行為非常關注過去高點和低點的突破。

一條K線有時蘊含多種意義

價格行為的訊號，有時一條K線的價格變化會具有多種含義。

後面會介紹相關的例子，通常我們認為「一條K線同時出現愈多訊號時，代表該K線對未來價格變化的影響與衝擊愈大」。此外，價格行為最大的特徵是「買賣訊號以假訊號作收時，價格會傾向朝與訊號相反的方向移動」。

散戶投資人中，有很多人只相信那種號稱100％精準的必勝法，認為即使只有一點點因假訊號而誤判的可能性，那種分析法就沒有利用的價值，並對其置若罔聞。

然而，100％賺錢的必勝法，這世上根本就不存在。

所有的技術分析都一定存在陷阱。

外匯投資這種零和遊戲要玩得下去，就必須存在「利用陷阱獲利的投資者」，以及「掉入陷阱而賠錢的投資者」。

如果沒有任何人會被價格的變化欺騙，那就不會有準確猜中價格走勢而獲利的投資者。這就是外匯市場中，陷阱和假訊號的本質。

如此想來，圍繞著技術指標互相欺騙正是獲利的來源，如果因為技術分析沒有成功預測就認為「有缺陷＝完全不能用」而將其捨棄，那麼我們將永遠找不到進場交易的機會。

如何解釋假訊號，以及當假訊號發生時該如何控管交易行為，可說是進入外匯投資這個修羅場必須具備的知識、技術與心態。

以下，我們將價格行為的特徵整理如下：

●價格行為重視K線的最高價、最低價、上影線、下影線
●價格行為將過去的高點視為抵抗帶，過去的低點則視為支撐帶，特別注重與過去高點、低點有關的價格波動
●抵抗帶一旦被突破就會變成支撐帶，支撐帶一旦被突破就會變成抵抗帶
●價格行為的訊號並非一條K線對應一個訊號，一條K線可能同時發出許多訊號，而且發出愈多訊號、具有愈多種意義的K線，愈容易對之後的價格變化產生影響
●價格行為「把假訊號當成價格波動將朝反方向加速的訊號」

那麼接下來讓我們運用價格行為的特徵，來看看這些特徵的定義與具體例子吧。

價格行為一覽

pin bar
有時為趨勢轉換的訊號

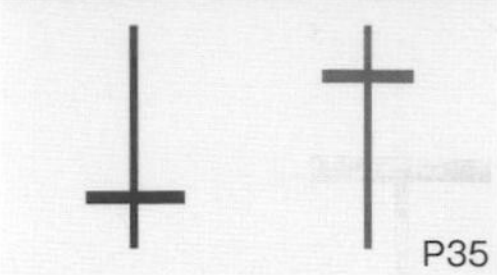

spike high
由上升轉為下跌趨勢的強烈暗示

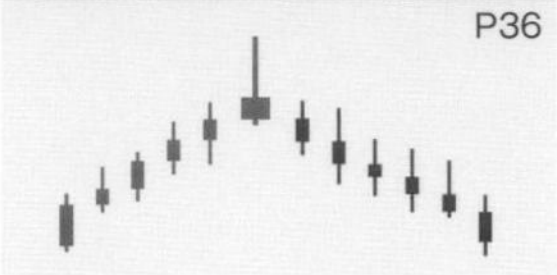

spike low
由下跌轉為上升趨勢的強烈暗示

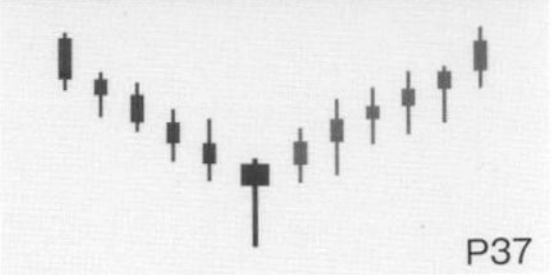

thrust up
強烈的上升訊號

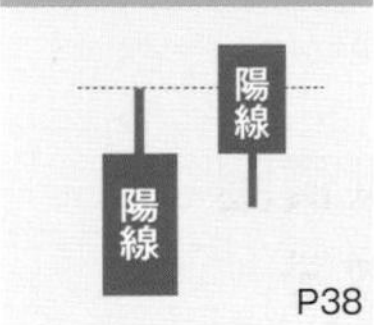

thrust down
強烈的下跌訊號

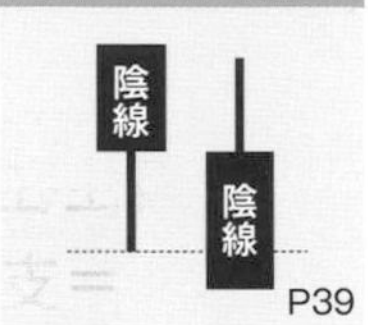

向空反轉
上升局面收尾的訊號

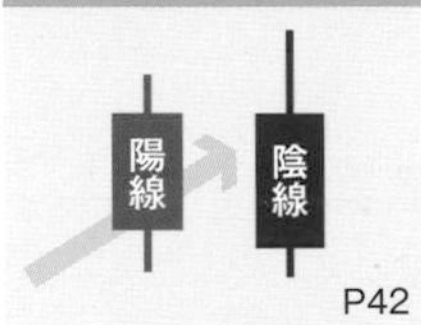

向多反轉
下跌局面收尾的訊號

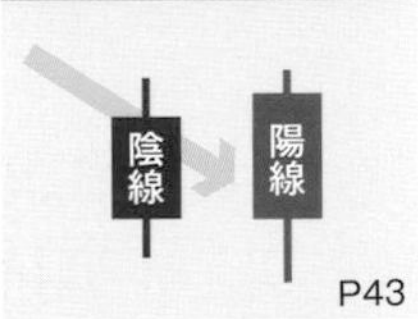

runway up 刷新高點的訊號

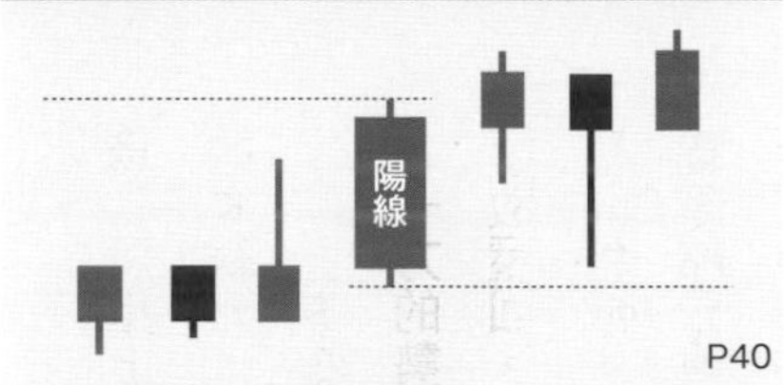

runway down 刷新低點的訊號

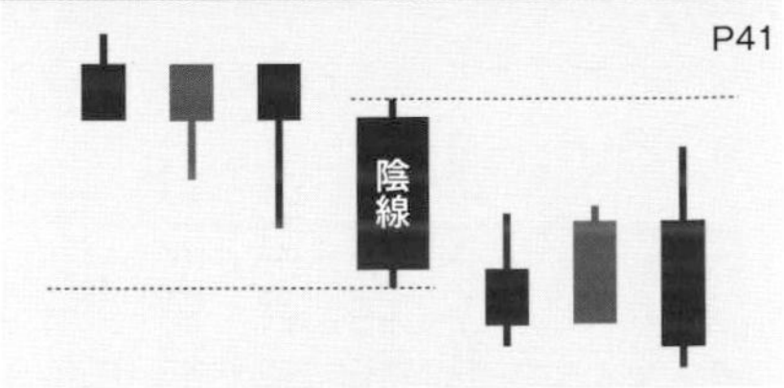

inside 膠著狀態的訊號

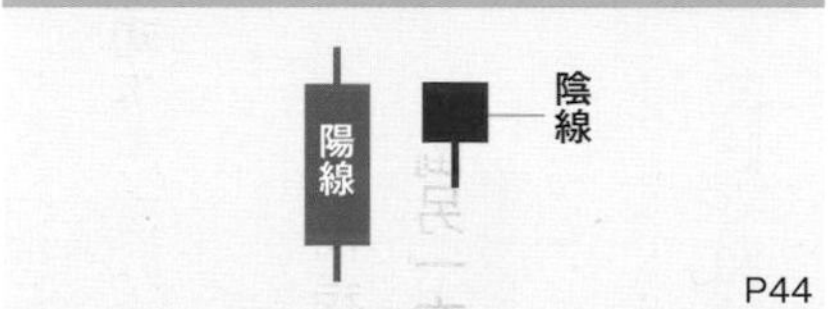

outside 由膠著狀態產生趨勢的訊號

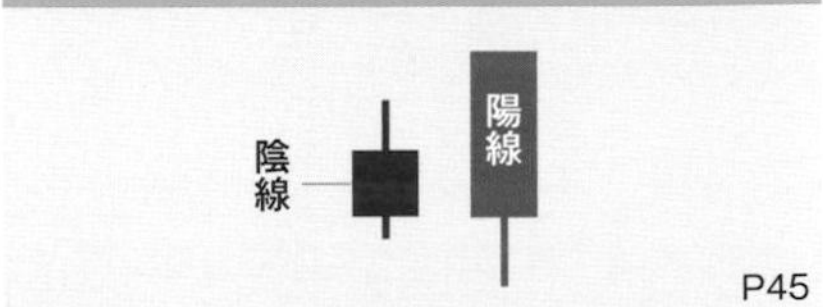

false breakout 假訊號

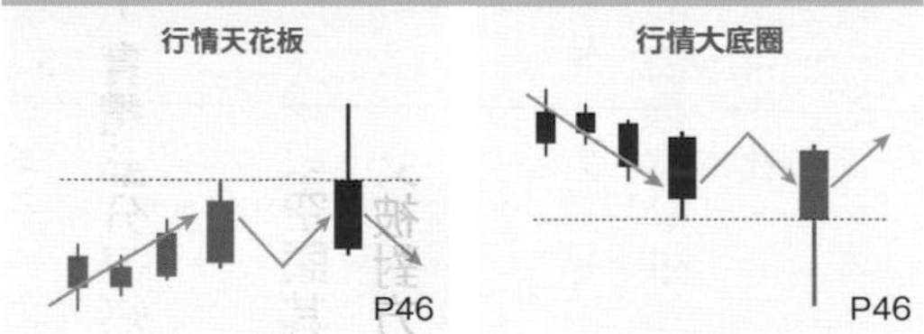

fake setup 假訊號

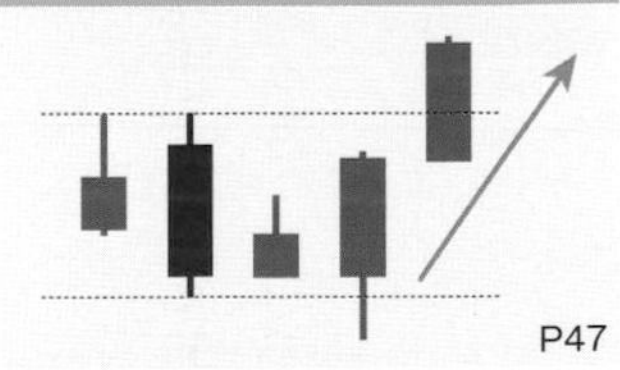

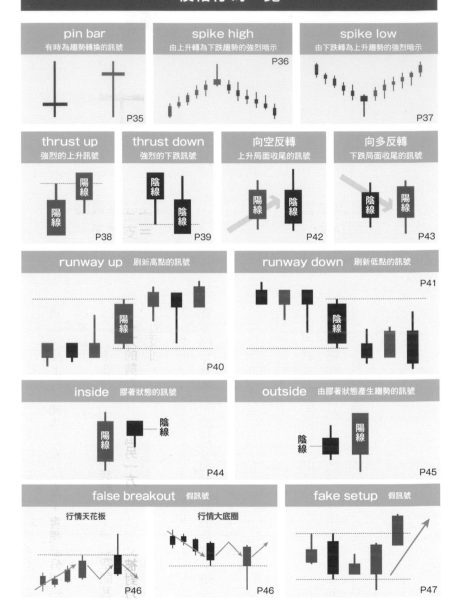

變化的前兆・pin bar

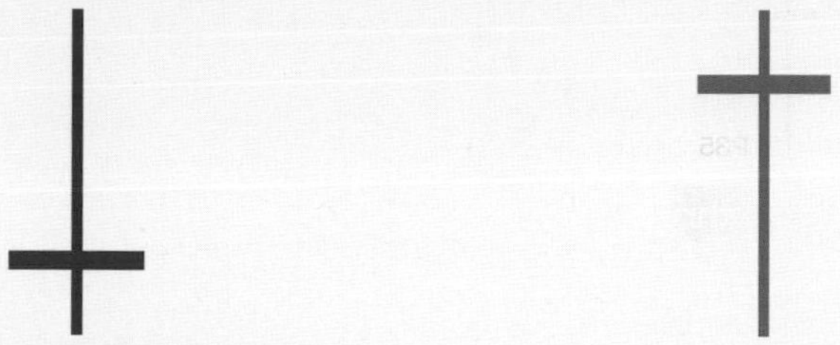

發生在高價圈
＝抵抗帶

發生在低價圈
＝支撐帶

特徵：「pin bar」＝實體部分幾乎看不見的K線

「pin bar」就是「如針一樣細的棒子」之意，意指上影線和下影線非常長，實體部分很短的K線。

上下突出的影線，代表盤中多頭或空頭其中一方的勢力雖然壓倒另一方，但最後又被對方擊敗壓回。

相反地，由於開盤價和收盤價十分接近，實體部分非常短，因此可知盤中的價格波動雖然相當激烈，但最後卻以多頭空頭平手告終。

儘管pin bar前後的狀況可能會有些差異，但當這種K線出現在行情的天花板或大底圈，很多時候就是趨勢即將轉換的訊號。

多頭和空頭的激烈攻防可以視為「變化的前兆」，看到這種訊號時就需要留意接下來的價格變化。

趨勢的結尾・spike high

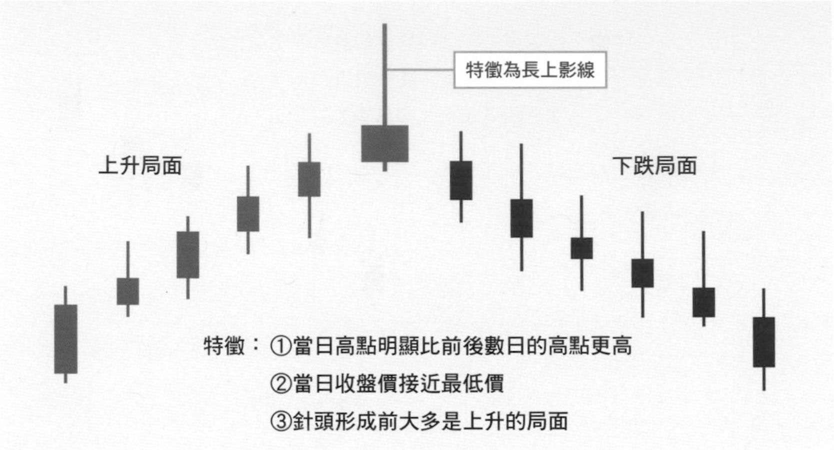
特徵為長上影線
上升局面
下跌局面
特徵：①當日高點明顯比前後數日的高點更高
②當日收盤價接近最低價
③針頭形成前大多是上升的局面

「spike」就是「尖銳物」或是「釘釘子」的意思，代表相較於實體部分，影線特別長的K線。

長長的影線大多是向上或向下其中一邊突出，其中上影線特別長的K線就叫做「spike high」。

其成立條件為①當日高點明顯比前後數日的高點更高，②價格被壓回當日低點附近收盤，③針頭形成前大多是上升的局面。

極端長的上影線，代表盤中價格雖然因為多頭的買單而急速上升，最後卻受到空頭的反擊而被一網打盡。

若此種K線出現在上升趨勢的最終局面，便是暗示趨勢轉換的強烈訊號。

而若出現在趨勢的中段，則上影線的最頂端就是之後的抵抗帶。

趨勢的結尾・spike low

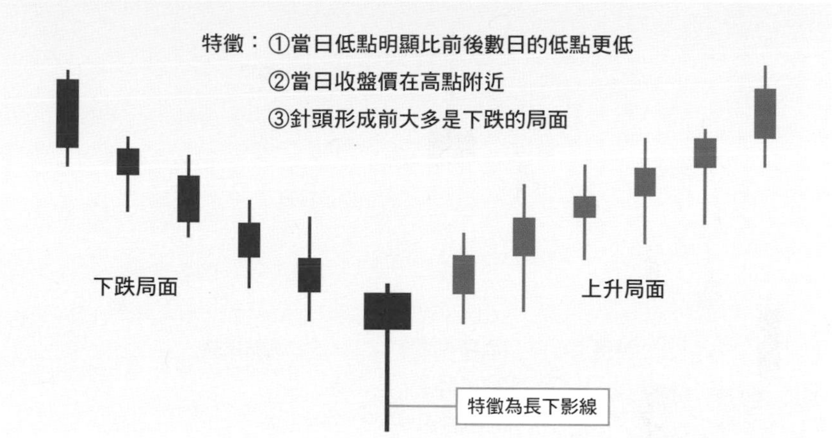
特徵：①當日低點明顯比前後數日的低點更低
②當日收盤價在高點附近
③針頭形成前大多是下跌的局面
下跌局面
上升局面
特徵為長下影線

「spike low」就是「價格釘在低點」的意思，是一種下影線特別長的K線。其成立條件為①當日低點明顯比前後數日的低點更低，②當日收盤價在高點附近，③針頭形成前大多是下跌的局面。

下跌趨勢加速，價格因為空頭的空單追擊而一度跌至下影線的最底端。不過之後就因為空頭的獲利了結行為和想要「撿便宜」的多頭新勢力加入，使得價格急速反轉。最後空頭撤退敗逃。

極端長的下影線如果出現在下跌趨勢的谷底，也就是大底附近時，通常是趨勢轉換的前兆訊號。即使沒有出現趨勢轉換，在盤中形成的下影線最底端的低點，也會成為阻礙之後跌勢的支撐帶。

趨勢的證明・thrust up

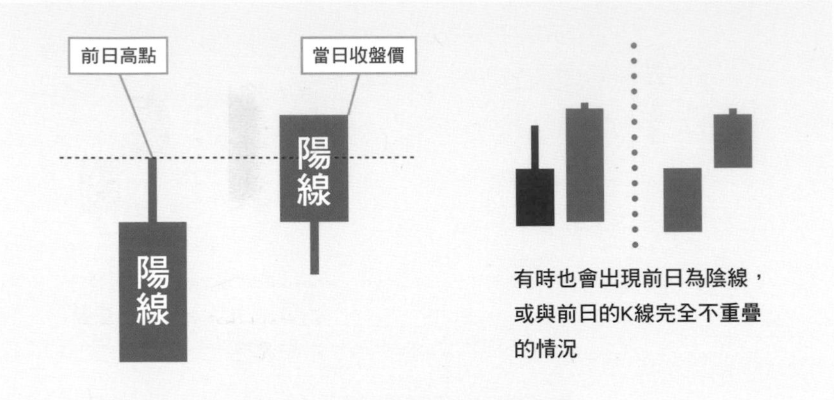

前日高點
當日收盤價
陽線
陽線
有時也會出現前日為陰線，或與前日的K線完全不重疊的情況

特徵：當日收盤價高於前日最高價

「thrust」是「推進力」或「用力推壓」、「推開阻礙前進」的意思，顯示價格變化的強勁力道。

「thrust up」是一種表示強勁上升力道的K線，成立條件為當天K線的收盤價超越前日K線的最高價。

價格跨越前日的高點後持續上升，然後不再回頭，維持高於前日高點的狀態收盤，由此可看出多頭的氣勢從頭到尾都非常強勁。

通常前一天的高點會形成最近的抵抗帶，所以當日價格超越前日高點後買單仍源源不絕的話，就證明市場上「即使再貴也要買」的投資人數量很多。thrust up乃是上升趨勢突破高點必不可少的原動力。在上升趨勢持續的局面中，容易連續好幾天出現這種線形，不斷地突破新高。

趨勢的證明・thrust down

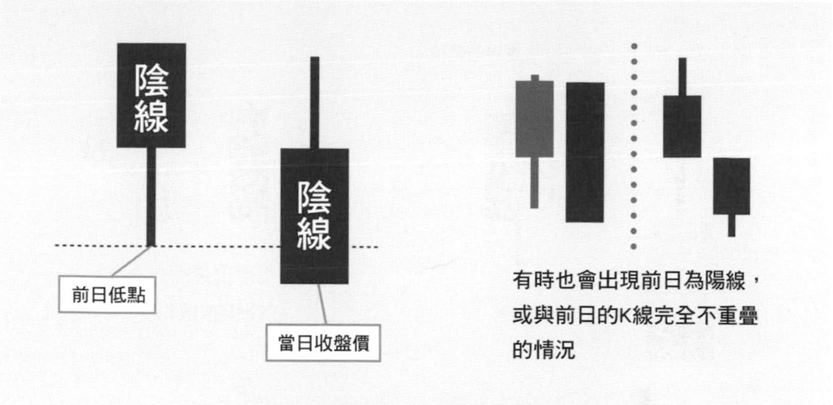
陰線
陰線
前日低點
當日收盤價
有時也會出現前日為陽線，
或與前日的K線完全不重疊
的情況

特徵：當日收盤價比前日最低價更低

「thrust down」是thrust up的相反，為當天的收盤價低於前日最低價的K線。

當天價格跌破象徵最近支撐帶的前日低點後仍持續下跌，然後維持低於前日低點的價格收盤。由此可看出當天的空頭勢力始終強勁且賣壓強烈，完全沒有多頭反擊的餘地。

此外，當天的收盤價離前日的低點愈遠，可認為下跌的力道愈強。

下跌趨勢持續下去的條件，就是低點必須不斷刷新。為此不能沒有連續的thrust down。市場存在很多「再便宜也要賣」的空頭和「再便宜也要停損」的多頭空單，這就是此種價格變化的形成背景。

趨勢的證明・runway up

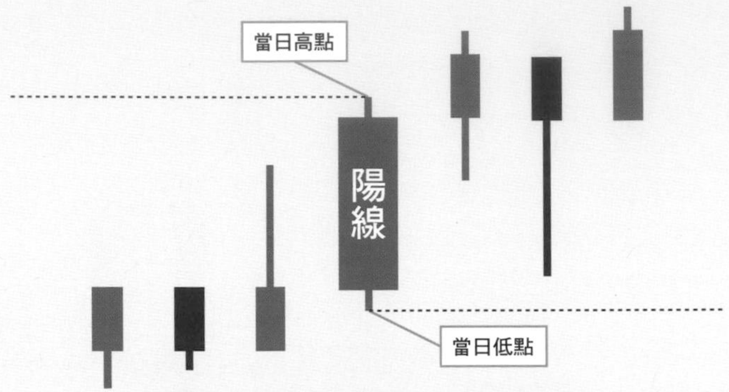

特徵：當日高點高於過去n日間的最高價
當日低點低於未來n日間的最低價

所謂的「runway」就是價格脫離目前的水位，移動到新水位的變化情況。

「runway up」的大前提為陽線，以及①當日高點比過去n日間的最高價更高，②當日低點比之後n日間的最低價更低。作為基準的天數一般以5天（1週）為準。

此線形代表當天的K線上升至數日間的最高點之上後，此後幾天都沒有跌破該日的最低點，處於居高不下的狀態。

換言之，runway up的K線前後的價格變動坡度是往上切的形式。在上升趨勢中，經常出現上升→拉鋸→再上升這種階梯狀的爬升方式，所以runway up較容易出現在上升的局面。

趨勢的證明・runway down

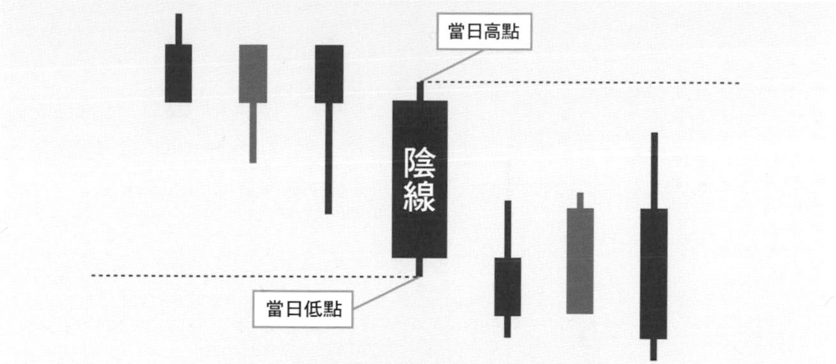

特徵：當日低點低於過去n日間的最低價
當日高點高於未來n日間的最高價

「runway down」是價格變化的水位一下子往下切時出現的K線。其成立的大前提為陰線，且①當日低點低於過去n日間的最低價，②當日高點高於未來n日間的最高價。

runway down出現前後的價格波動水平，通常呈現下切的形式。

在下跌趨勢中，經常呈現下跌→拉鋸（整理行情）→再下跌這種階梯狀的下跌模式，而runway down特別容易在這種狀況下出現。

runway類的線形，必須等到K線出現後幾天才能判斷是否完成。然而，一旦出現低點低於過去n日間最低點的K線，便可合理懷疑此階段是否已出現runway down。

轉跌的徵兆・向空反轉

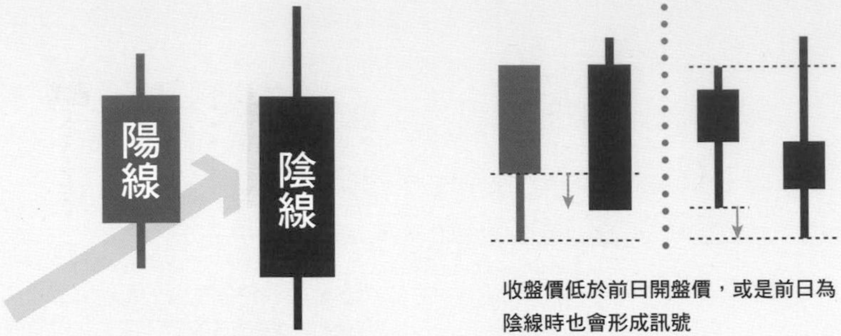

收盤價低於前日開盤價，或是前日為陰線時也會形成訊號

特徵：雖然突破了前日高點，但隨後又反轉下跌，跌至前日K線實體的下方或跌破最低點後作收

「reversal」有「反轉」、「逆轉」的意思，代表價格的反轉，朝另一方切換。

而「向空反轉」就是指「從高點反跌」的意思，成立條件為①一開始上升並超越前日的高點，②但隨後反轉下跌，在低於前日K線實體的下方收盤。這代表多頭暫時勝利後，又遭受沉痛的反擊，最後價格跌到前日K線實體的下方。假若跌到了最低點之下，理所當然就是強力的下跌訊號。

有時向空反轉在上升趨勢的頂端出現後，趨勢隨即就發生轉換。可理解為上升的推力用盡而反轉下跌的徵兆。不過，當價格超越向空反轉的高點再次開始爬升的話，就會變成假訊號，可判斷為上升力量的復活。

反轉的徵兆・向多反轉

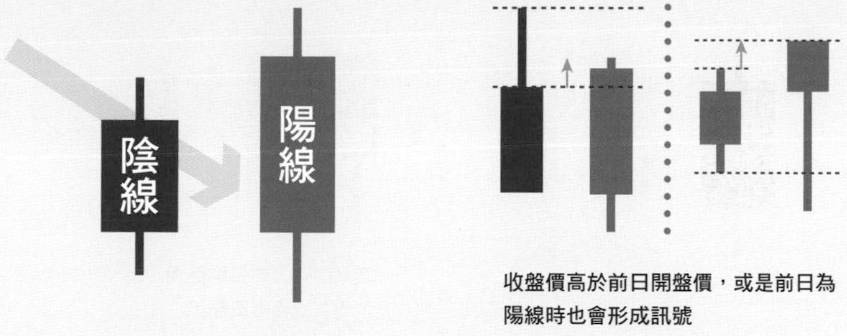
陰線
陽線
收盤價高於前日開盤價，或是前日為陽線時也會形成訊號

特徵：雖然跌破了前日低點，但隨後又反轉上揚，漲至前日K線實體的上方或最高點之上作收

「向多反轉」是一種反轉上升的訊號，成立條件為①當日價格跌破前日低點，②隨後又反漲至前日K線實體的上方後作收。如果收盤價甚至超越前日高點，則為強烈的上升訊號。

此線形為趨勢在低價圈失速、上升趨勢崛起的證據，亦為此後反漲上升的前兆。雖然也常常出現假訊號，但若出現在下跌趨勢的谷底，則通常伴隨趨勢的反轉。

這是一種空頭進行獲利了結或多頭的新勢力加入時容易出現的K線。

反轉訊號與另一種趨勢轉換的訊號spike low的不同之處，在於反轉訊號的開盤價低於前日的低點，收盤價高於前日K線實體的上方或最高點，故當日的K線可以整根包住前日的K線，實體部分往往很長。

攻防線形・inside

何謂母線？

inside就是前一天的K線完全包住後面K線的形式，而前日的K線就是inside中的「母線」。相反地，在下一頁的outside中，母線是完全包住前日K線的當日線。

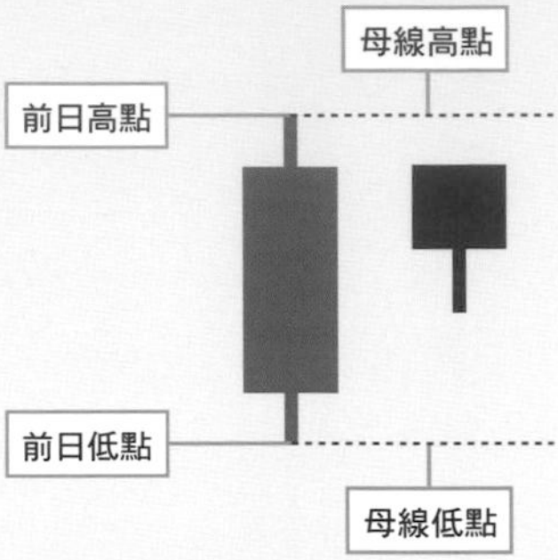

特徵：當日的K線可以完全被前日的K線包住

「inside」有「內側」的意思，當母線的K線的上下影線可以完全包住隔天以後的K線時成立。

這種線形最常出現的情況就是前日為大陽線，後面接著出現小陰線。這代表前一天多頭雖然取得壓倒性勝利，但當天多頭的氣勢又一下子減弱，遭到空頭反擊，使得價格出現小回檔的狀況。相反地，如果是在大陰線後出現小陽線，則代表空頭一度占優勢，但之後又被多頭找到機會反擊，兩者仍持續進行攻防。

inside本身代表了膠著狀態，而如果inside出現之後，價格向上突破了母線的K線最高點則為買進訊號；若跌破低點則為賣出訊號。另外所謂的「母線」，指的就是inside中可包住另一方的K線，其高點稱為「母線高點」，低點稱為「母線低點」。

攻防線形・outside

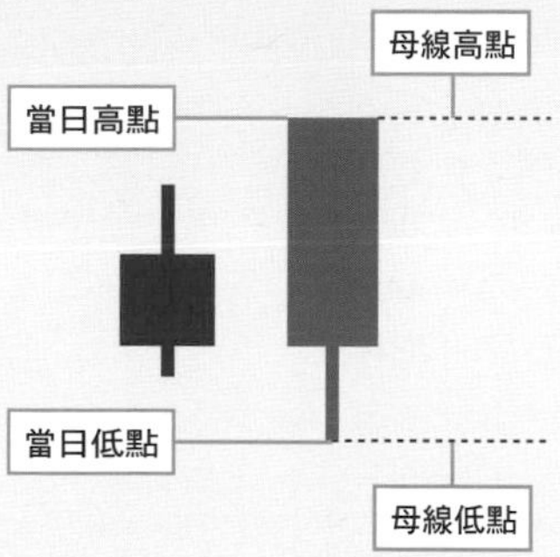

特徵：前日的K線可以完全被當日的K線包住

「outside」有「外側」的意思，這是當日K線可以完全包住前日K線的線形。

這種線形代表當天的價格變動朝向與前日完全相反的方向出現巨大變動，相較於inside，意味著未來的價格有朝當日價格變動的方向移動的強烈傾向。如果是小陰線後出現大陽線的outside，代表上升的力道很強；如果是小陽線後出現大陰線，則代表下跌的力道較強。

有時候outside和inside會交互出現，在某種意義上代表了勢均力敵的行情。這是一種在多頭空頭勢力均衡時產生的線形，重要的是觀察接下來價格會朝哪個方向出現大幅變化。outside的「母線」就是outside線本身。outside出現後隔天，如果價格跨越outside＝母線高點則表示上升力道強勁，如果跌破母線低點則代表下跌力道強勁。

假訊號的原理・false breakout

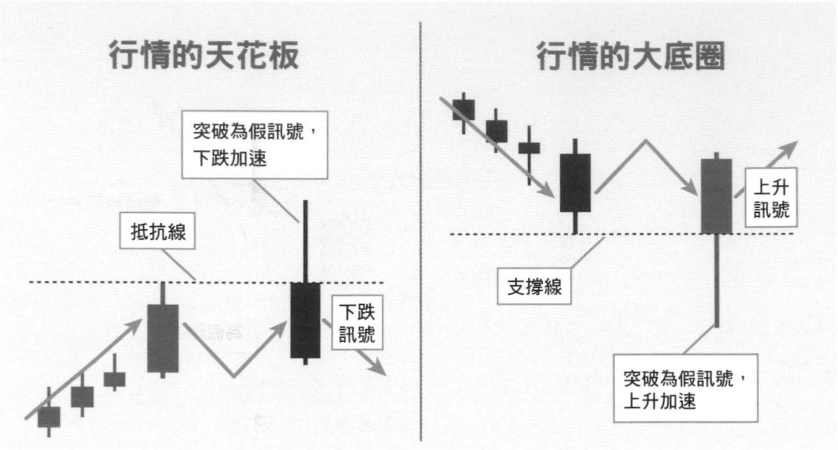

「false breakout」就是「失敗的突破」或「錯誤的突破」之意，這是一種沒能突破抵抗帶高點或支撐帶低點的價格變化方式。

儘管價格一度突破了最近高點，但最後卻反跌而留下上影線變成一條長陰線，或是價格沒有跌破最近低點，最後反漲而留下下影線變成一條長陽線。

價格行為的特徵是「沒有比假訊號更精準的訊號」，因此看到假訊號出現時，即可判斷價格會朝反方向強化。價格變化的背後就是多頭與空頭的爾虞我詐，所以假訊號可當成判斷多頭空頭攻防的貴重反轉訊號。

若false breakout出現在趨勢行情的天花板或大底圈，可視為之後會出現反轉或趨勢轉換的訊號。

假訊號的原理・fake setup

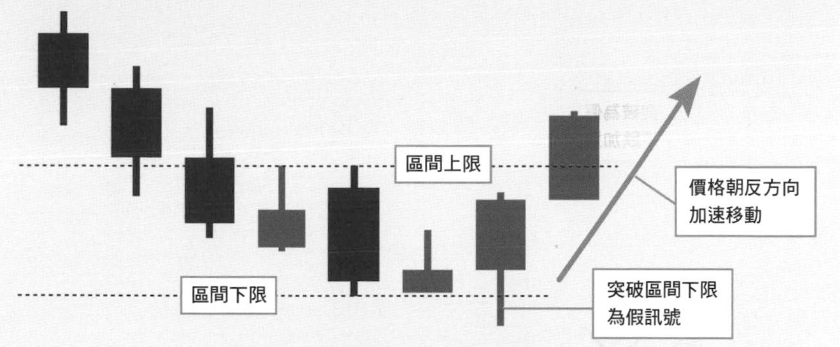

特徵：區間的突破以假訊號收尾後，
價格往反方向加速移動的現象

「fake setup」就是「假動作」的意思，意味著在突破整理行情失敗後，價格朝相反方向加速移動的現象。有時可能只有一條K線，有時則是多條K線的組合。

所謂的整理行情，就是匯率在某個區間的高價圈和低價圈之間來回震盪的價格變化模式。當價格看似終於突破該區間的上限或下限，最後卻變成假訊號時，之後價格通常較容易往反方向加速。而所謂的fake setup，就是假訊號出現後價格反轉的動態。

除了整理行情外，有時也會在下跌趨勢的大底圈或上升趨勢的天花板附近出現，成為趨勢轉換的訊號。特徵是假訊號本身就是價格即將朝反方向移動的強烈訊號。

必勝的買賣點「祕傳的18種訊號」

在價格行為中，若條件相同的話，有7成機率會出現正確的買賣訊號。這裡將為大家介紹我在實戰中愛用的9種買進和9種賣出訊號，共計18種祕傳型態。這是只要看到訊號出現，任誰都能有樣學樣、堪稱「必勝」的買賣點，請各位務必應用在實戰中。

買進1　向多反轉・false breakout

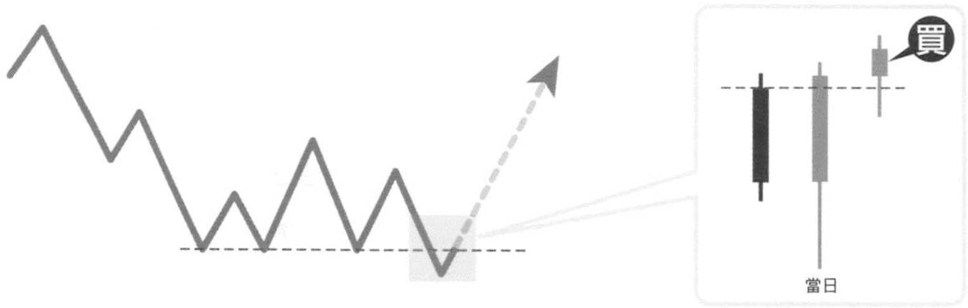

條件1：確定下跌趨勢持續，且價格一度跌破前日低點
條件2：雖然跌破了重要低點，但沒有急跌，在當日或隔日反漲
●訊號：向多反轉，在收盤時站回重要低點之上
●進場時機：隔天價格超過當日收盤價時買進
●停損：當日最低價之下

買進2　向多反轉・確定線形下限

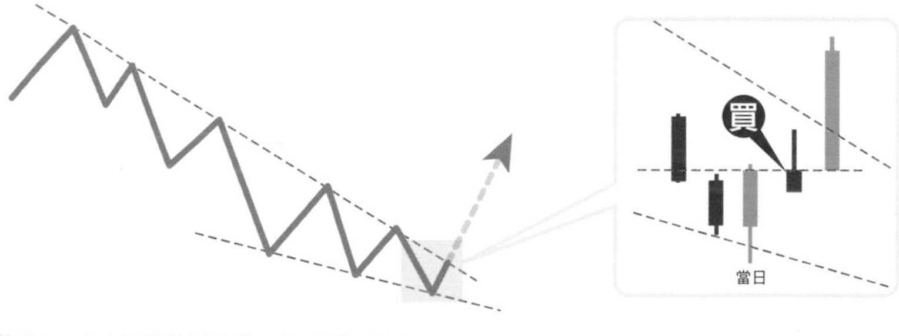

條件1：確定下跌趨勢持續，且線形形成中
條件2：價格碰到線形的支撐線（試探的次數愈多愈有效）後反彈上升
●訊號：向多反轉
●進場時機：若隔天價格越過當日收盤價就買進
●停損：當日最低價之下

賣出1　向空反轉・false breakout

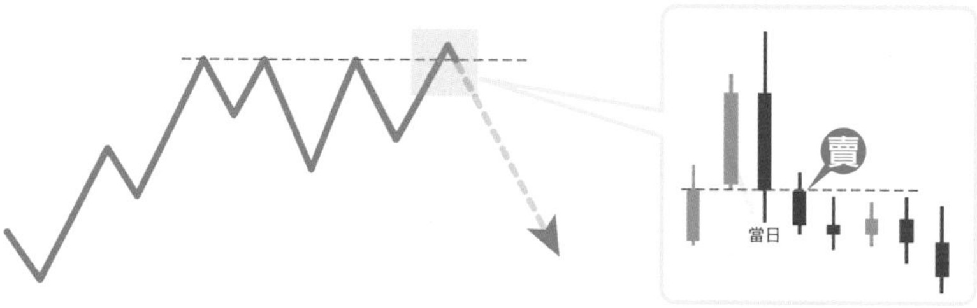

條件1：確定上升趨勢持續，且價格一度漲破前日高點
條件2：雖然突破了重要高點，但沒有急升，在當日或隔日反跌
●訊號：向空反轉，且在收盤時跌回重要高點之下
●進場時機：隔天價格跌破當日收盤價時賣出
●停損：當日最高價之上

賣出2　向空反轉

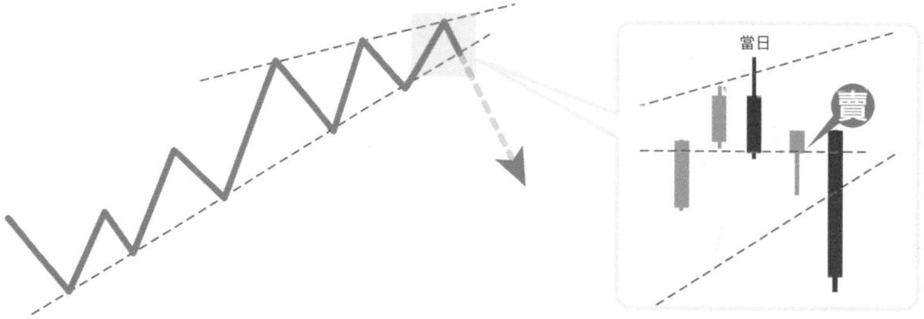

條件1：確定上升趨勢持續，價格位於高價圈且線形形成中
條件2：價格碰到線形的抵抗線（試探的次數愈多愈有效）後反轉下跌
●訊號：向空反轉
●進場時機：若隔天價格跌破當日收盤價就賣出
●停損：當日最高價之上

買進3　fake setup・觸底

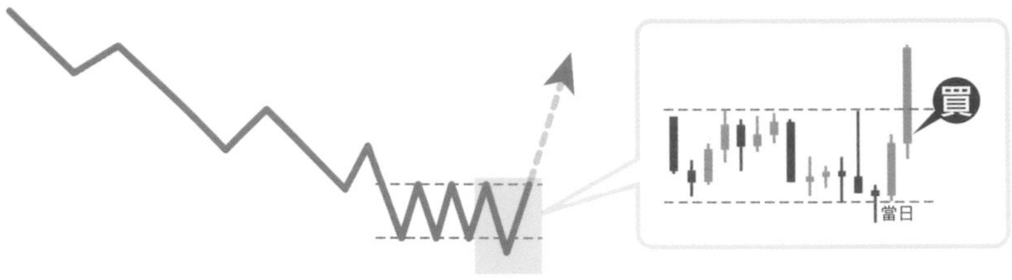

條件1：確定下跌趨勢持續，價格在低價圈整理推移
條件2：當日（或隔日）價格一度跌破區間下限，但隨後大幅反彈，突破區間上限。若升破過去多個高點（愈多愈好）的話更好
●訊號：fake setup　●進場時機：再次刷新當日高點時買進　●停損：當日最低價之下

買進4　false breakout・觸底

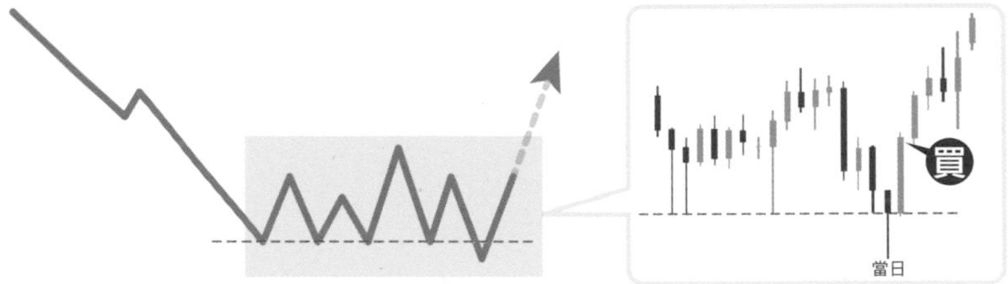

條件1：下跌趨勢後形成整理型態，或價格一度跌破重要的低點水位（如spike low的下影線的密集區等）後反彈上揚，或站回重要的低點水位，在其附近收盤
條件2：隔日出現陽線（最好是大陽線）
●訊號：false breakout　●進場時機：在隔日的陽線收盤前後買進
●停損：隔天若為大陽線就在大陽線下，若為小陽線則在當日低點下

買進5　inside・觸底

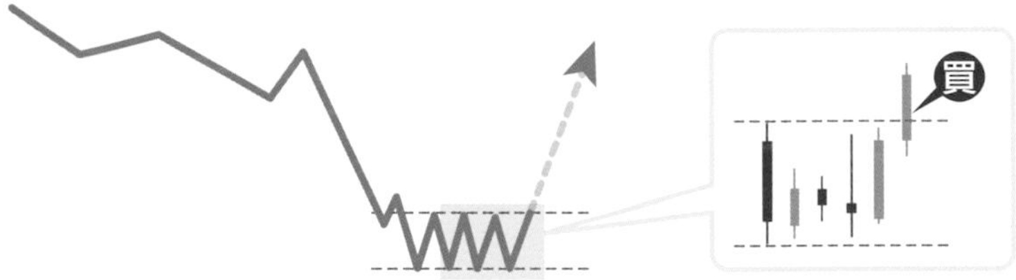

條件1：下跌趨勢持續一段時間，且出現急跌後
條件2：出現多條inside的K線（數量愈多愈好，大多會混著outside線）
●訊號：inside　●進場時機：inside出現後，突破母線高點時買進
●停損：inside母線低點下

賣出3　fake setup・觸頂

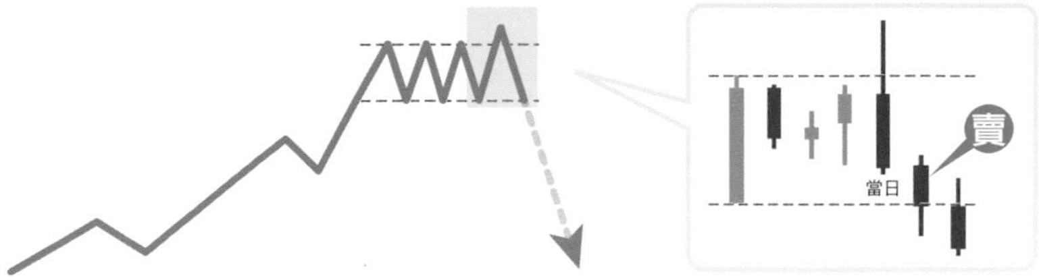

條件1：確定上升趨勢持續，價格在高價圈整理推移
條件2：當日價格一度升破區間上限，但隨後大幅反跌，跌破區間下限。若跌破過去多個低點（愈多愈好）的話更好
●訊號：fake setup　●進場時機：再次刷新當日低點時賣出　●停損：當日最高價之上

賣出4　false breakout・觸頂

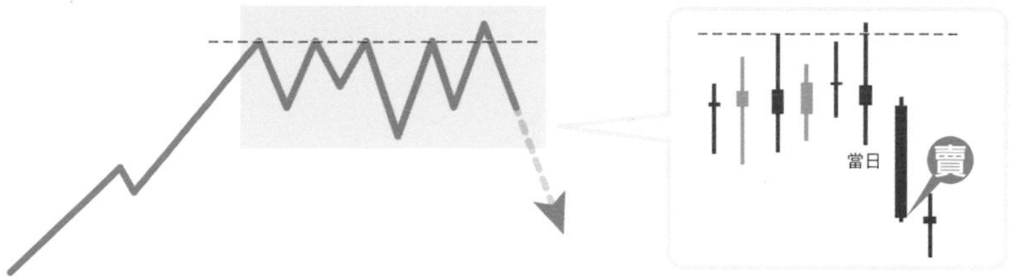

條件1：上升趨勢後形成整理型態，或價格一度突破重要的高點水位（如spike high的上影線的密集區）後反轉下跌，或跌回重要的高點水位，在其附近收盤
條件2：隔日出現陰線（最好是大陰線）
●訊號：false breakout　●進場時機：在隔日的陰線收盤前後賣出
●停損：隔天若為大陰線就在大陰線上，若為小陰線則在當日高點上

賣出5　inside・觸頂

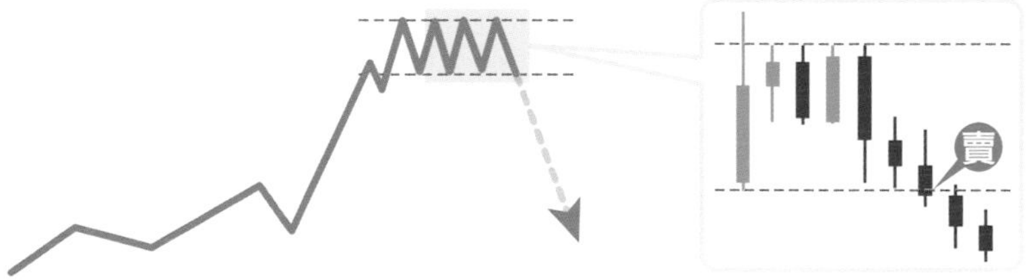

條件1：上升趨勢持續一段時間，且出現急漲後，或高點箱型形成中
條件2：出現多條inside或outside的K線（數量愈多愈好）
●訊號：inside、outside　●進場時機：inside、outside出現後，跌破母線低點時賣出
●停損：母線高點上

買進6　outside・趨勢加速

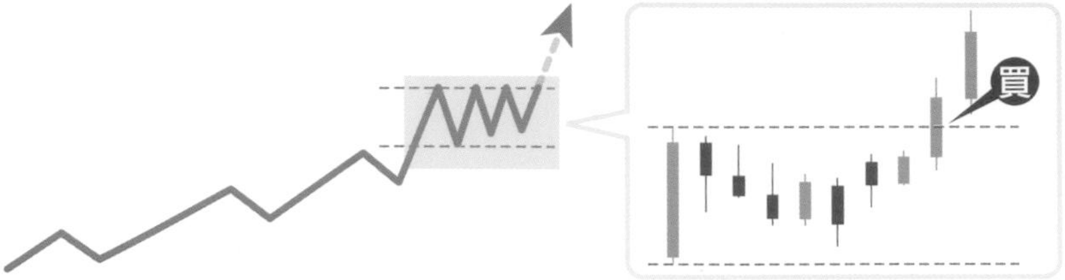

條件1：觸底，或已確認上升趨勢形成
條件2：inside或outside形成
●訊號：inside、outside　●進場時機：價格刷新價格波動最大的K線高點時買進
●停損：價格波動最大的K線低點下

買進7　向多反轉・回檔

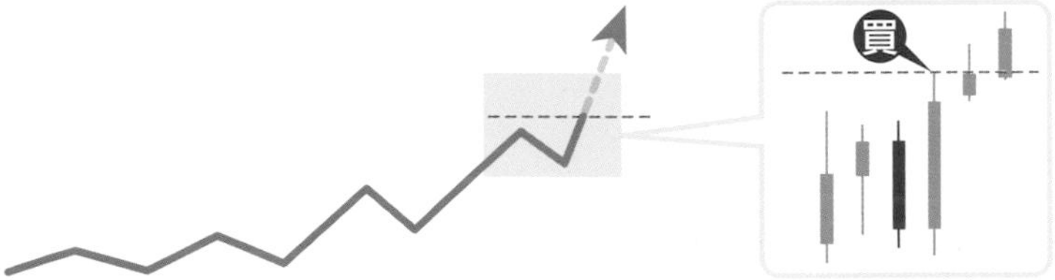

買進8　outside・回檔

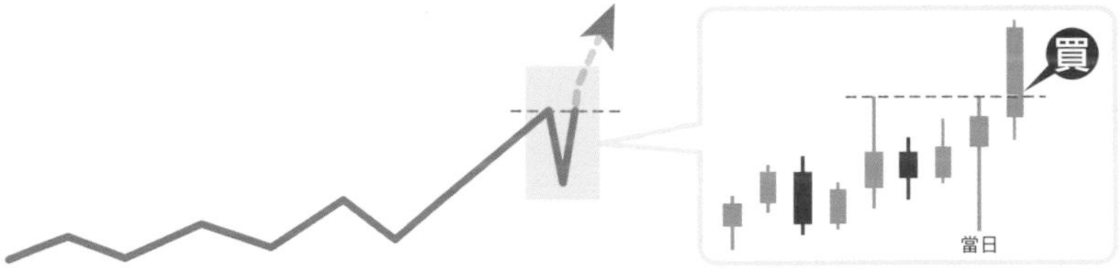

買進9　fake setup・回檔

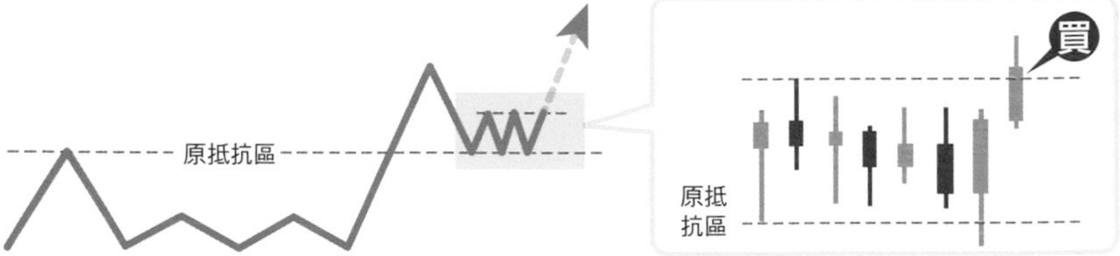

條件1：觸底或確認到上升趨勢
條件2：出現向多反轉。同時出現outside或fake setup更好
●訊號：向多反轉、outside、fake setup、false breakout
●進場時機：當日或隔日突破最近高點時買進　●停損：向多反轉的最低價之下

賣出6　outside・趨勢加速

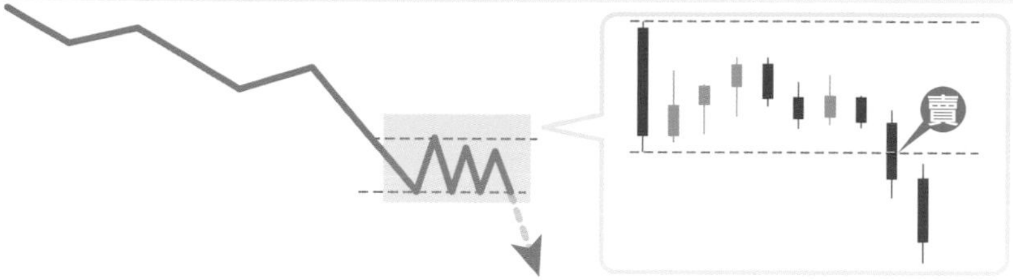

條件1：觸頂，或已確認下跌趨勢形成
條件2：inside或outside形成
●訊號：inside、outside　●進場時機：價格刷新價格波動最大的K線低點時賣出
●停損：價格波動最大的K線高點上

賣出7　向空反轉・反彈

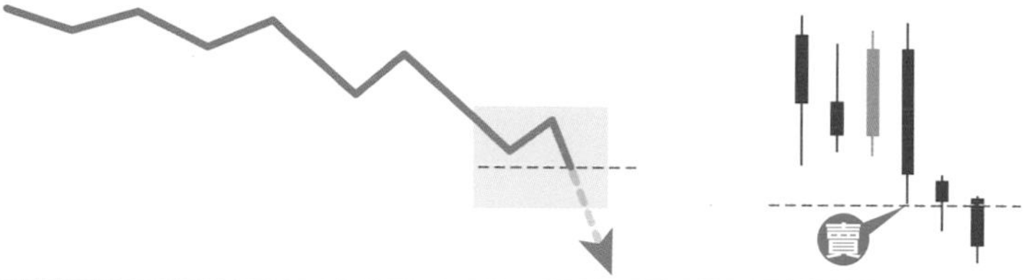

賣出8　outside・反彈

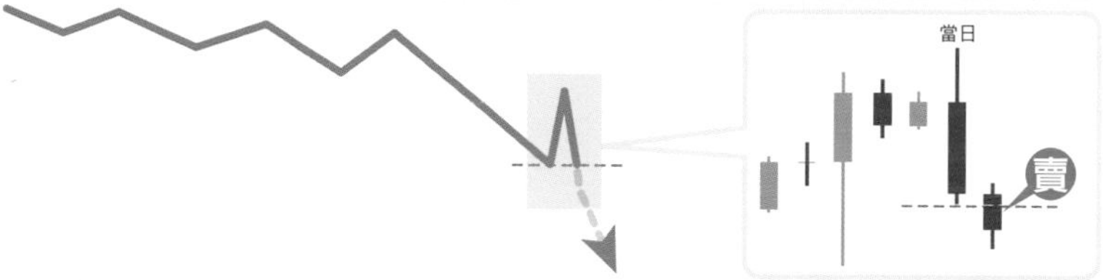

賣出9　fake setup・反彈

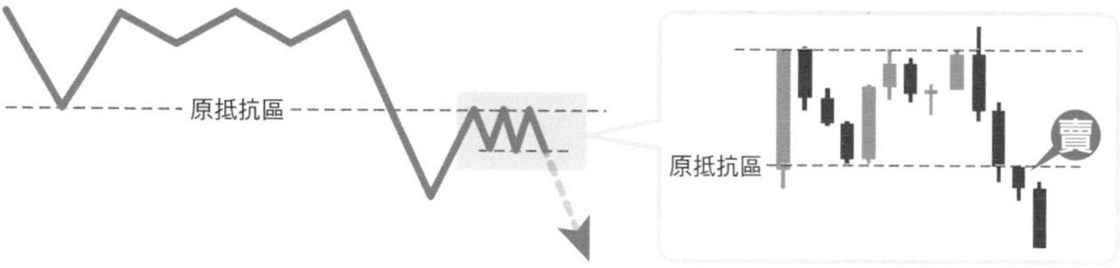

條件1：觸頂或確認到下跌趨勢
條件2：出現向空反轉。同時出現outside或fake setup更好
●訊號：向空反轉、outside、fake setup、false breakout
●進場時機：當日或隔日跌破最近低點時賣出　●停損：向空反轉的最高價之上

變化的前兆．pin bar容易成為市場的轉折點

pin bar是種影線非常長，實體部分相對很短的K線，代表在交易時間中，價格一度到達極端的高點或低點，卻又被急遽地壓回原本價格的變動模式。如果出現遠離實體的上影線，顯示上揚的力道受到賣壓影響，故上影線的尖端即成為隨後價格波動的抵抗帶。而顯示低點的下影線則可指出支撐低點的位置，也就是隨後的支撐帶。

pin bar的上、下影線很容易引起投資人的注意，當pin bar與過去的重要高點或低點的價格帶重疊，或是數條pin bar出現在同一價格帶時，則會形成強力的支撐帶或抵抗帶。觀察圖表時，最好養成隨時檢查價格波動的峰谷處有無多條上影線或下影線出現的價格帶。

一旦遭到突破，抵抗帶就會變成支撐帶，支撐帶則會變成抵抗帶，注意這種角色的轉換十分重要。

圖1－3的歐元／日圓就是一個很好的例子。請觀察畫面左方的pin bar A的上影線。在上下波動的價格帶的山形部分突出的上影線尖端的**高價線**，在之後的上漲被突破後，便馬上變成支撐低點的支撐線。例如pin bar B的長下影線就停在這個水位上，並被投資人們當成支撐帶。

過去的高點一旦被突破，就會變成之後的支撐帶。

pin bar B的下影線雖然一度跌破支撐帶，但最後還是站了回來，釋放了false breakout的訊號。

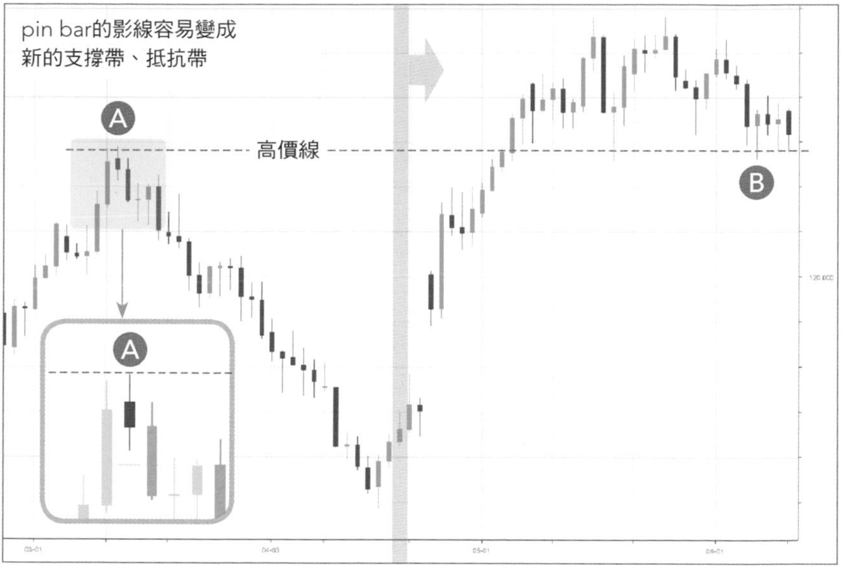

圖1－3　歐元／日圓　日線（2017年2月27日～6月12日）

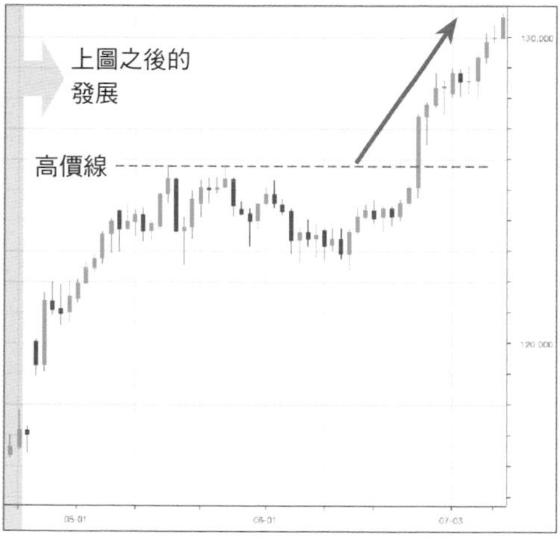

圖1－3a

隨後成為圖1－3a中價格朝反方向加速的契機。

多條pin bar影線出現在重要價格帶時，很容易形成強力的抵抗帶或是支撐帶，需要注意。圖1－4為澳幣／日圓的日線圖，圖中央附近的抵抗帶位於2018年年初開始的全下跌幅度（圖中的最高點和最低點連成的價格帶）的38．2％線上，俗稱「斐波那契回調」，是非常容易吸引投資人注意的價格帶。

觀察圖表時，請注意澳幣／日圓在觸及最低點後反轉上升，但在斐波那契的38．2％線上遇到的抵抗帶。這個價格帶也是pin bar A的下影線和B的上影線的位置，從價格行為的角度來看也是非常重要的抵抗帶。兩者的訊號重疊，故可推知38．2％線會是很強的抵抗帶。實際上，此後價格在反轉上揚的局面中，pin bar C、D的上影線也在撞到38．2％線就被彈回去，再次確認這個價格帶是非常重要的抵抗區。

尤其是上影線特長的pin bar C，代表當天雖然一度突破了這條**抵抗帶**，但隨後又跌回前日低點下，屬於向空反轉訊號，這是暗示此後價格反轉下跌的重要訊號。

順帶一提，圖中的A為下跌局面出現的長下影線pin bar，通常為止跌的訊號。然而，最後卻變成假訊號，當價格跌破下影線尾端的低點時，依照價格行為「假訊號即是反方向的訊號」的法則，這個訊號便轉換成了下跌趨勢加速的訊號。

簡單來說，pin bar A的下影線是因在之前的下跌中賺到錢的空頭進行買回、了結獲利而產生的，並沒有新的多頭繼續進入市場。所以隔天之後，價格又繼續開始下跌。

趨勢行情的小休止被稱為「調節」，儘管市場參加者暫時進行了獲利了結，但等調節結束後，大多數情況下又會繼續朝原有趨勢加速。

像pin bar A這樣出現長下影線卻沒有止跌的假訊號，可視為市場正在進行調節、此後趨勢會繼續加速的訊號。

圖1－4　澳幣／日圓　日線（2017年12月29日～2018年4月26日）

在這種場合，當看到價格跌破A的下影線，就是進場做空的時機。

趨勢轉換的前兆：spike high與spike low

spike high基本上會出現在上升趨勢的收官局面，而spike low通常出現在下跌趨勢的結尾。可說是趨勢結束或是力道用盡時會出現的線形。

spike high的成立條件是突出且上影線相對較長的K線，出現在該日前後幾日的高點之上，代表行情的天花板，需要經過幾天才能判斷出來。有的人可能會覺得這樣不就會錯過難得的買賣時機嗎？但因為spike顯示的價格方向轉換大多會持續很長一段時間，所以在K線出現後，某種程度上即使過一段時間才進場也不算晚。

實際上，觀察圖1－5的美元／日圓的日線圖，行情形成高峰和山谷的天花板和大底圈，幾乎必定會出現spike high 與 spike low形的K線。

行情的天花板和大底之所以容易在上影線或下影線的位置結束，不只單純因為那裡是多頭和空頭的頂點，也因為極端的上下影線的存在本身對投資人而言就是一種警告，具有心理上的壓力。

俗話說上影線和下影線就是「失敗者被公開羞辱」的買賣痕跡，或許是因為投資人心中存在陰影，才會在看到長影線後放棄繼續追高殺低。與其說是投資人的理性心理推動外匯市場，不如說是動物性的盲目直覺推動外匯市場。

spike high顯示了乘著上升趨勢一路買進的多頭，因為獲利了結或空頭的反擊而全面撤退的

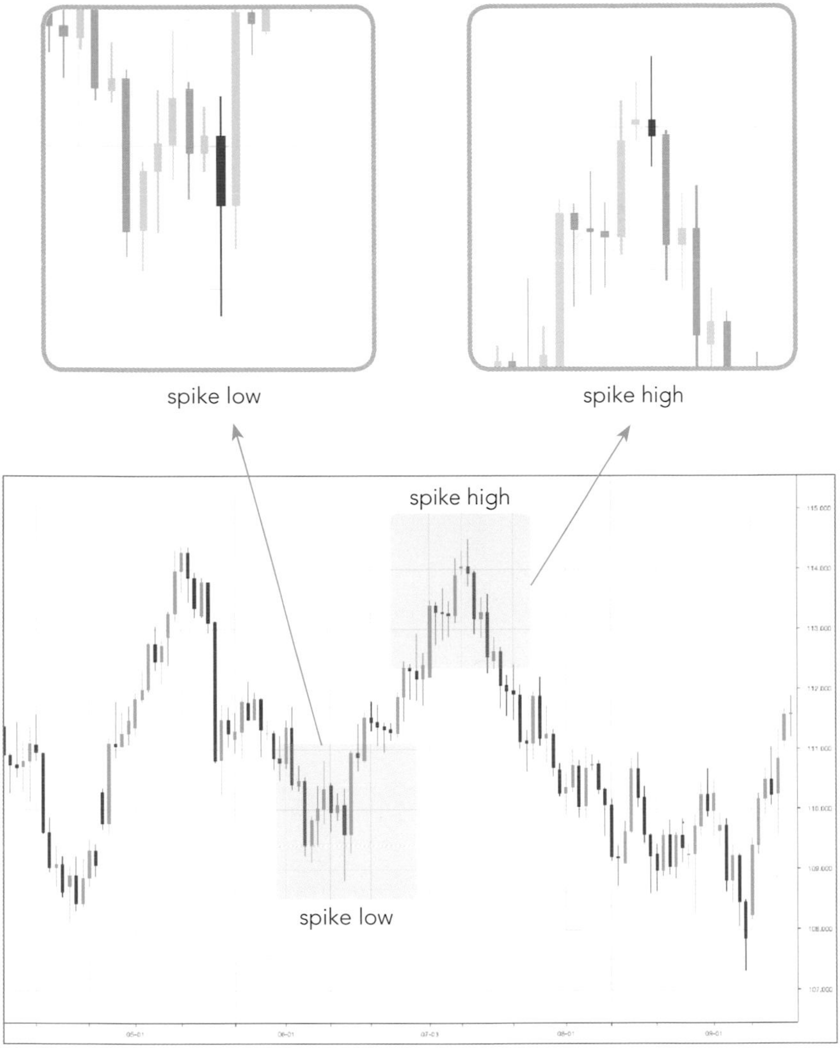

圖1－5　美元／日圓　日線（2017年4月4日～9月19日）

狀況。如果出現在上升趨勢的最高點，被套在高點的多頭會開始拚命拋售止損，並產生骨牌效應，成為趨勢急速轉換的訊號。

買在上影線尾端的多頭，以及賣在下影線尾端的空頭，某種意義上來說就是多頭空頭攻防中的「犧牲者」。因為可以清楚看出這些犧牲者買賣痕跡的上下影線，就像「殺雞儆猴」一樣地留在圖表上，才使得原本的趨勢一下子減弱，並朝反方向加速。

另一方面跟pin bar一樣，spike的影線尾端對於之後的價格變化有支撐帶或抵抗帶的功能。反過來說，一旦匯率跌破pin bar下影線所在的低價線，就代表支撐帶被跌破，下跌的力道將變強，讓過去的支撐帶一下子變成新的抵抗帶。

圖1-7的美元／日圓的週線圖中，上升趨勢的天花板出現了下影線極長的spike low A。隨後，美元／日圓的行情碰到天花板後，在跌破A的下影線所在的**低價線**後加速下跌。這是進入明確下跌趨勢的訊號。

跌破原本作為支撐帶的低價線的**大陰線**B，正好是2016年2月日銀公布負利率政策當天的價格變化。

因為當時市場上普遍認為「日銀會擴大寬鬆，使美元／日圓升值」，所以多頭手中握有相當多的買進部位，但意料之外的負利率政策使銀行等金融機構受到重大打擊，變成重大的負面消息。多頭大量拋售逃跑，才使得價格一口氣跌破了強力支撐帶的A的低價線。

圖表上出現的「超長影線」，很容易在戰爭、恐怖攻擊、經濟危機、經濟指標不符預期等市

圖1－7　美元／日圓　週線（2014年12月22日～2017年2月6日）

場預期外的大事件發生時出現。可說是市場參加者面對預期外事件時「手忙腳亂」的痕跡。

雖然有些理論視「長影線＝不規則的價格波動」，不將這種線納入考量，但長影線往往受到市場參加者全員的注目，在之後的行情中也很容易引來關注。**例如圖1－7中價格跌破spike low低點的地方，就變成了趨勢的轉換點，所以我們應該具備「相對較長的影線必然具有某種意義」的認知，保持小心謹慎的態度。**

thrust是價格趨勢的證明

「thrust」這個英語對大家而言可能有點陌生，或是一下子很難抓到是什麼意思。其實這個字就是「用力推」的意思，常被用於「hip thrust（提臀動作）」等運動用語中。

一如字面的意義，thrust是種用來顯示力道強勁的價格波動訊號，「thrust up」的成立條件就是當日的收盤價跨越前日的最高價。這是種上升趨勢中不可或缺的實現高點刷新的K線。

圖1－8為市場在期待歐洲央行（ECB）減少量化寬鬆（tapering）的氣氛下，強勢行情持續中的2017年3月～8月的歐元／美元的日線圖。在向右上移動的上升趨勢中，出現了許多thrust up。這是種在上升局面中常常出現的價格變動，有時甚至多到不知該留意哪一個。雖然同樣都是thrust up，但我們需要特別注意的是，「連續出現的thrust up」和「不只突破前日，更突破了過去數日高點的thrust up」。

在圖1－8中，綠色方框圍起的區域內出現了3條大陽線，連續刷新3天的高點。若連續的thrust up在上升趨勢的初期階段出現，代表刷新高點的力道很強，這是趨勢正式點火加速的訊號，屬於應該直接買進的時機。此外，圖中的thrust up B完全突破了過去最高點的K線A的上影線頂端，也是打開了上升趨勢高點的強力thrust up。

而之後的B也與5天後出現的runway up重疊，根據「一條K線同時出現愈多訊號則影響力愈

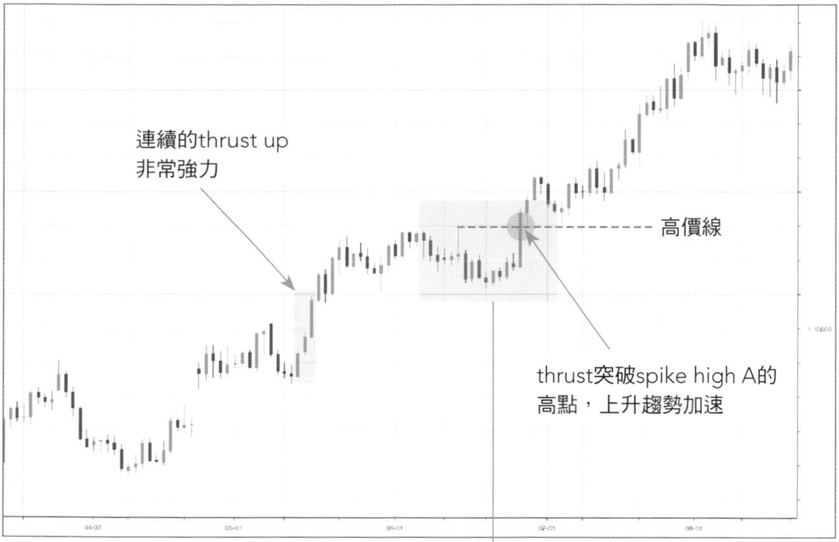
連續的thrust up
非常強力
高價線
thrust突破spike high A的
高點，上升趨勢加速

圖1－8　歐元／美元　日線
（2017年3月16日～8月21日）

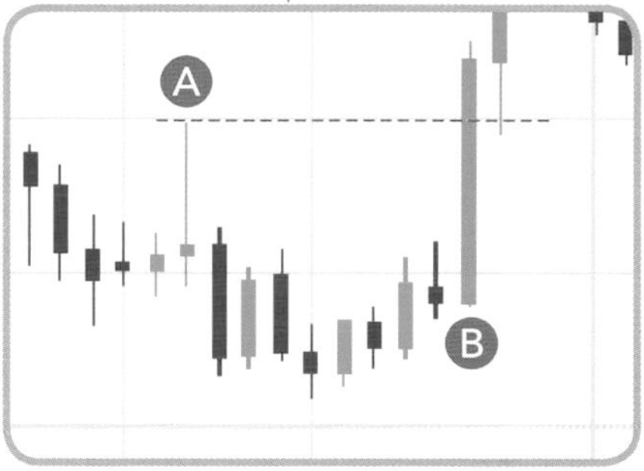
A
B

強」的法則，可以判斷該K線是非常強力的K線。**長上影線的K線A為spike high，而價格突破其上影線可判斷上升趨勢會繼續加速。**

注意突破抵抗帶・支撐帶的thrust

由於趨勢行情中很常出現thrust，因此最好設定一個篩選基準找出其中比較重要的訊號。即使同樣是thrust，只有那些突破過去價格波動的抵抗帶或支撐帶的K線是趨勢加速的號角，在實戰中也是重要的進場點。

圖1－9是2017年美元／日圓的價格變化，其中連續發生了幾次thrust down。如圖中的**大陰線A**所示，原本扮演支撐帶角色的支撐線被跌破後，thrust down就成為強力的下跌訊號，正是做空的大好時機。A同時也跌破過去5日低點，是runway down的候補。

說到thrust，很容易讓人以為一定是連續幾根陽線或連續幾根陰線，但像**K線B**這種有如完全抵銷前日大陽線的大陰線出現，價格大幅跌至前日最低價之下的價格變化也屬於thrust down。

由於B的K線包住了前日陽線的實體部分，因此同時也是outside，加上沒有跨越前日的高點，所以雖然不是完成形，但也具有向空反轉的形式，屬於多重訊號的強價格變化。

因為前一天的升幅完全被抵銷，故此處很明顯是之後急跌的起點。

當然，即便同樣是thrust，但在不同趨勢中，下跌趨勢應注意thrust down，上升趨勢應注意thrust up。

即使在下跌趨勢中，有時也會像圖中的**綠色區塊**一樣，出現連續的thrust up，但在弱勢行情中

圖1－9　美元／日圓　日線（2017年12月6日～2018年4月2日）

的thrust up大多只是空頭的獲利了結或調節，並非進場做多的時機。相反地，調節後若再次轉跌則應選擇做空。下跌趨勢明顯的局面中若是連續出現thrust up，反而應該理解成「趁反彈賣出的大好機會」。**價格行為方法唯有放在趨勢這股大潮流中才有意義。唯有確實掌握大局的趨勢，再用價格行為分析細部價格變化的差異，才能做出精準的預測。**

高買高賣的runaway up

所謂的runway就是突破重要抵抗帶或支撐帶、力道強勁的價格變動，作為趨勢的推進力，比thrust的力道更強。

要留意趨勢行情可分為每天一點一點逐步爬升的thrust型，和整理↓急漲↓再整理，以階梯狀爬升的runway型兩種。

runway的弱點在於沒看到n日後的低點或高點推移前，就無法判斷是否完成。不過，runway推移的過程中常常會出現大陽線或大陰線，例如看到一條突破了過去5日高點的大陽線，就可以判斷「很大的可能性是runway up」。尤其大陽線如果一口氣衝破了先前阻礙上升的抵抗帶，則該線本身就是「突破高點」的買進訊號，一般可在突破的階段追高買進。

圖1－10為市場期待ECB削減量化寬鬆的氛圍下，歐元／日圓從2017年4月～9月持續上升的日線圖，**大陽線A**滿足了①跨越過去5日的最高點，②隨後當日最低價也沒有跌破未來5日間的最低點這兩項條件，形成了runway up。

K線A在隔了一個週末上揚後，對於先前的陰線形成了outside和類似向多反轉的形式，這是一條未來極有可能形成runway up的大陽線，而實際上，後來價格也的確強勢上漲。可說是同時出現多重訊號的K線成為價格波動轉折點的典型例子。

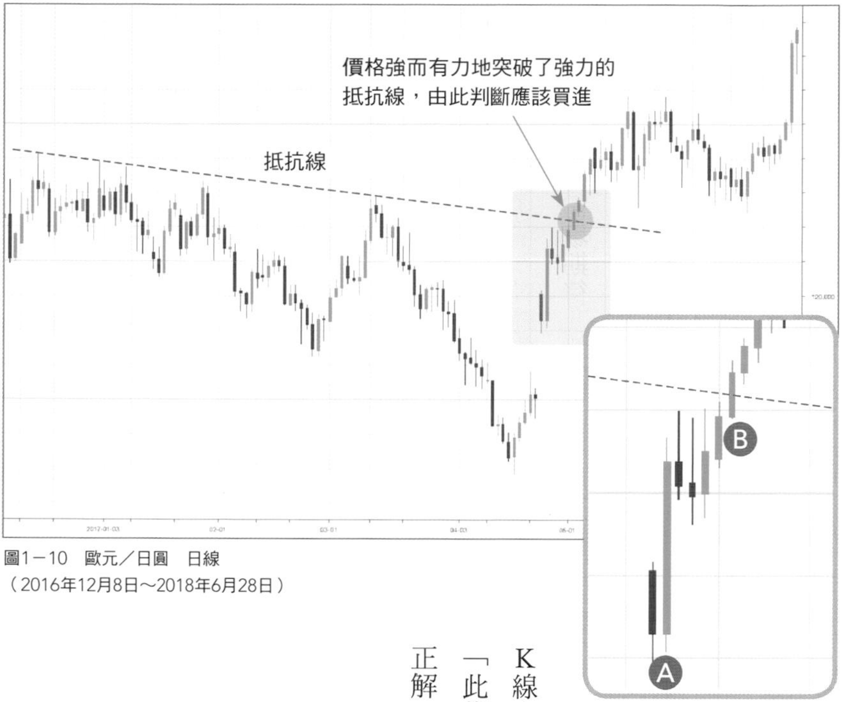

圖1－10　歐元／日圓　日線
（2016年12月8日～2018年6月28日）

至於K線B，雖然價格波動的幅度不算大，**但在之後有可能形成thrust up和runway up，而且很有力地突破了過去高點連成的抵抗線。歐元／日圓要進入上升趨勢，這個突破是不可或缺的。**因為K線B的出現，我們才確定了K線A是一條非常強力的runway up，可判斷「此趨勢不容易衰退」，故選擇做多才是絕對正解。

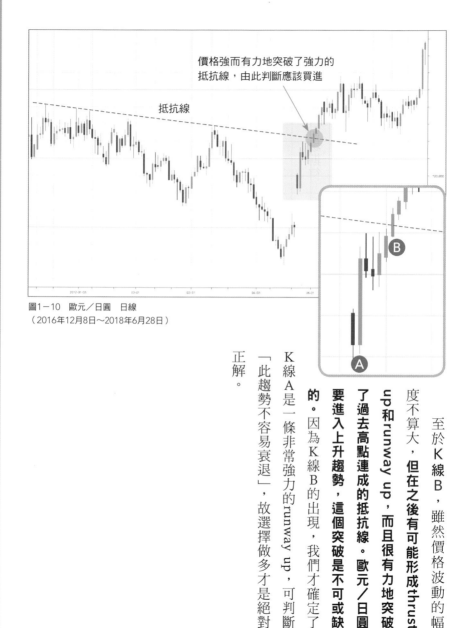

價格修正會發生在實體還是影線？

runway down的成立條件是①價格跌破過去n日間的最低點，②該日的最高價在往後n日間的最高點之上，若滿足了條件①的K線又跌破了重要的低價線或支撐帶，那麼就可以仗著這股氣勢大膽地選擇賣出。

圖1－11也是如此。K線A和B這兩條大陰線，跌破了阻擋先前跌勢、由過去低點所連成的抵抗線，而「跌破低點」的時間點便是賣出的時候。

runway的形狀大多為大陰線或大陽線，不過也有像K線C這樣實體部分的長度不長，上下影線非常突出的runway down。不過，影線長而實體短代表多頭和空頭仍在拉鋸，尚未分出勝負。因此，**這種runway的訊號強度不比實體部分長的大陰線或大陽線。**

以本圖的情況，在有機會完成thrust down和runway down這種帶有長上下影線的K線C出現後，價格又在支撐帶上拉鋸了一陣子。C的長上下影線暗示了多頭空頭的勢均力敵，解釋了之後的拉鋸狀態。

我們在序章也介紹過，**「巨大的價格波動背後必然有反對勢力的止損行為。暴跌的背後必然有多頭的拋售，急漲的狂歡也一定是踩在空頭的屍體上」**，這就是市場冷酷無比的真實。runway的發生也意味著反對勢力進行停損、從市場敗退逃走所產生的價格變動。

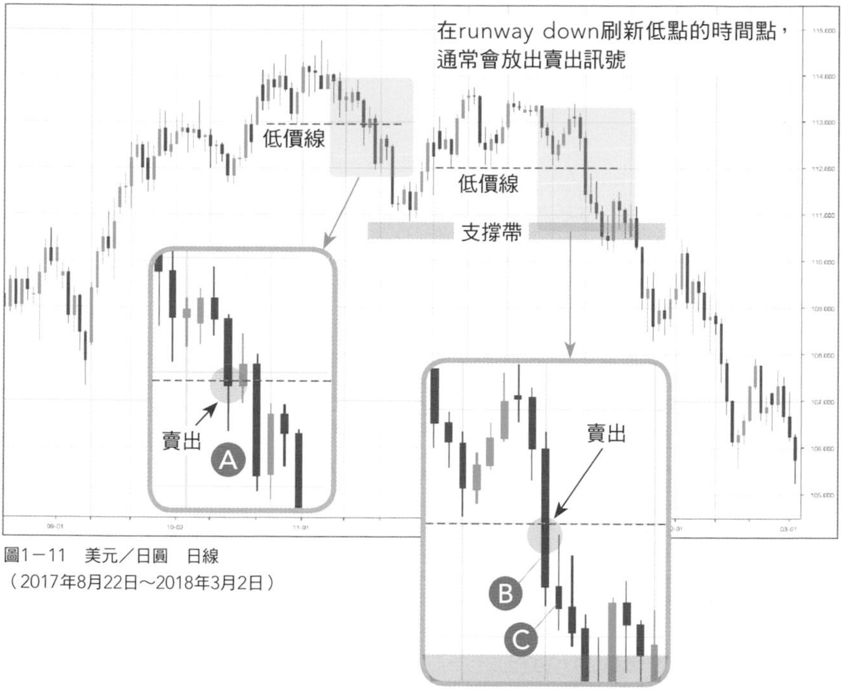

圖1－11　美元／日圓　日線
（2017年8月22日～2018年3月2日）

換言之，**runway up的背後，存在著原本想靠做空獲利的投資人的止損買單；runway down的底下，也存在著原本想靠做多獲利的投資人的止損賣單。**就這層意義來看，**比起長影線，實體部分長的大陰線跌破低點，以及大陽線突破高點，更有機會完成runway的型態，使趨勢加速。**

在天花板看到向空反轉應懷疑是否為趨勢轉換

所謂的向空反轉，必須滿足①儘管價格升破前日高點，但②隨後又一口氣轉跌，收在前日K線的實體線下或最低點下。出現在行情天花板時，又稱為「高點反轉」。

由於向空反轉大多為前一日陽線與包住前日陽線的大陰線組合，故常常同時跟outside訊號一起出現。與spike high相同，出現在上升趨勢或整理行情的天花板時，屬於趨勢轉換的徵兆。之所以特意強調是「徵兆」，是因為沒有反轉、變成假訊號的情況也很多。原本照理應該反轉卻沒有反轉的情況，就屬於「假訊號」，在訊號的意義上代表價格即將往反方向移動。

圖1－12是澳幣／日圓的日線圖，在匯率持續上揚到達高點後轉跌的局面中，幾乎都有出現向空反轉。在**向空反轉A**中，收盤價跌到了前一條K線的實體之下。而B、C、D則以跌破前日低點作收，屬於更強力的轉跌訊號。A和D的向空反轉形成了雙頭，雖然當日價格一度越過前日高點，最後卻形成最近天花板的抵抗帶反轉下跌。從「在愈重要的抵抗帶、支撐帶附近出現的價格行為愈是重要」的判斷準則來看，A和D的向空反轉也強烈暗示著行情的向下。

要準確抓住上升趨勢的頂點非常困難，但當向空反轉出現在行情的天花板附近，而且該K線嘗試突破天花板的抵抗帶卻失敗時，等於同時出現向空反轉和false breakout兩種訊號，屬於非常強烈的觸頂訊號。

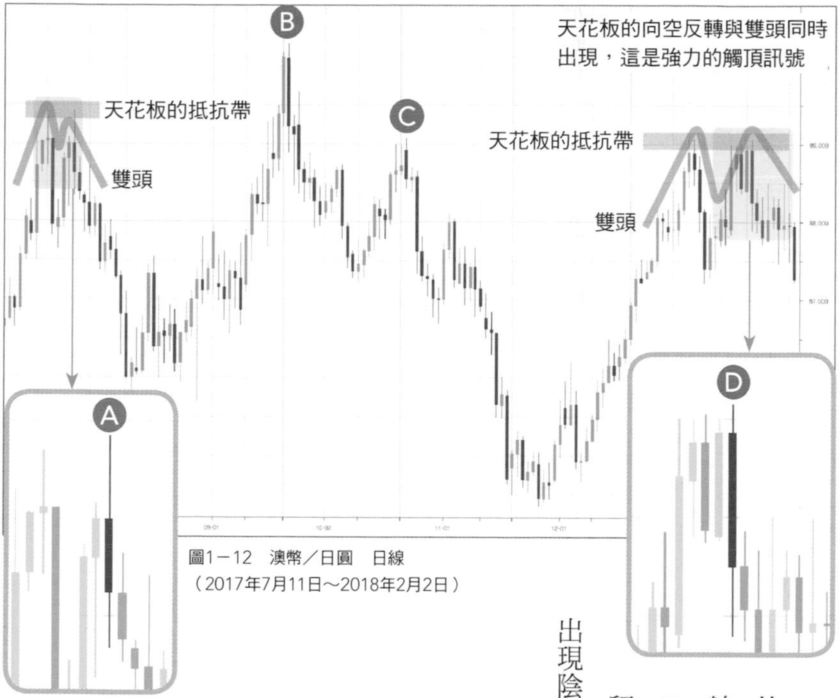

圖1－12　澳幣／日圓　日線
（2017年7月11日～2018年2月2日）

不過，與spike high的超長上影線相比，價格也可能是在跨越前日高點後，純粹因為多頭的獲利了結而暫時回檔，隔天K線再次轉升的情況也很多，務必要多加留意。要完成向空反轉，隔天必須也連續出現陰線，而且持續下跌才行。

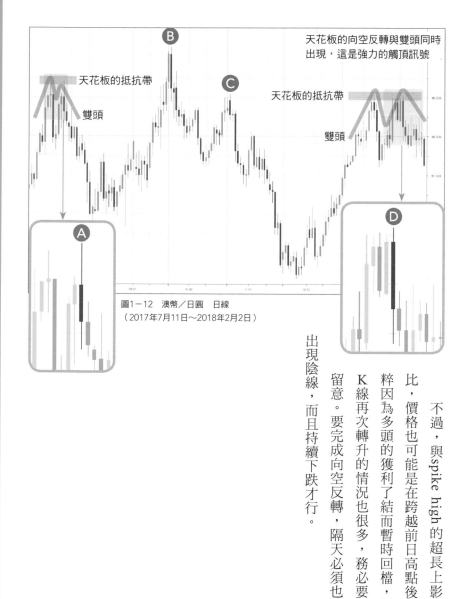

反轉常常伴隨複合訊號

向多反轉必須滿足①當日價格先跌至前日低點之下後，再漂亮地反攻，②最後收逾前日K線的實體上緣或最高點之上。如果成功跨越前日的高點，就會形成將前日的變化幅度完全包住的形狀，除了反轉外通常也符合outside的條件，容易出現複合訊號。

圖1－13的英鎊/日圓整體雖然一直持續上升趨勢，但在頂點形成後開始慢慢下跌，直到快要跌破重要低點時出現了**A和B兩個向多反轉**，漂亮地重新向上。

之前也說過很多次了，**「愈是出現在重要抵抗帶或支撐帶等市場分歧處的訊號，重要性愈高，訊號的準確性也愈高」**，此乃價格行為的法則。

圖中K線A和B**（向多反轉）**的下影線很長，而且跌破了支撐帶和低價線。換言之，雖然出現了「跌破最近低點」的下行訊號，但最後卻變成假訊號，反而在隔天之後加速上升。這個價格變化在之後看來，正是false breakout。

在價格行為中，假訊號是一種顯示價格將往反方向強化的強烈訊號，而且還同時出現了向多反轉、outside等訊號，所以可知是非常重要的價格變化。在實戰中，這三種訊號也經常重疊出現，最好記住。

使用價格行為觀察價格變化時，並非一個訊號對應一種解釋，而是愈多訊號同時重疊時重要

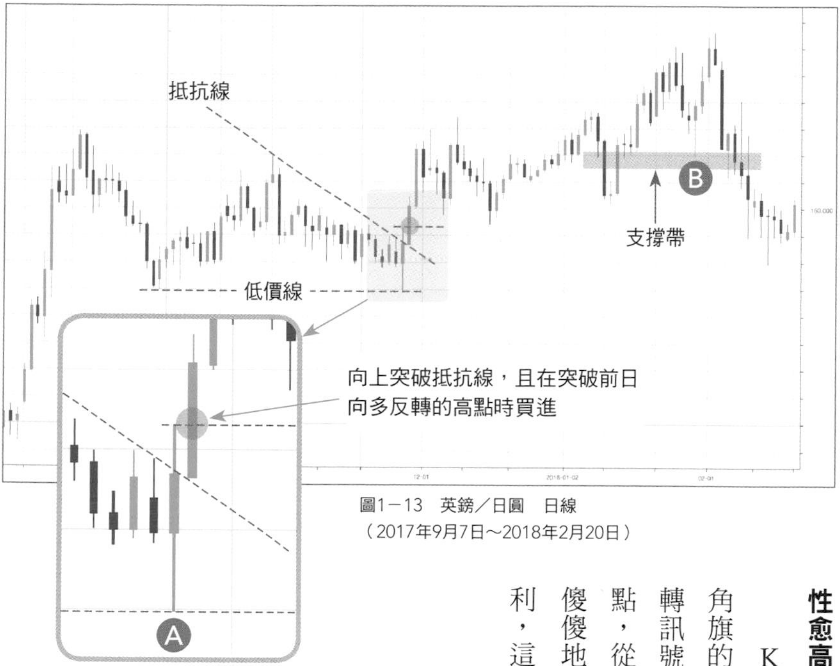
抵抗線
低價線
支撐帶
B
A
向上突破抵抗線，且在突破前日
向多反轉的高點時買進

圖1－13　英鎊／日圓　日線
（2017年9月7日～2018年2月20日）

性愈高、愈容易理解。

K線A是在被往右下傾斜的**抵抗線**壓回，以三角旗的形狀下跌後，在突破抵抗線前出現的向多反轉訊號。同時又突破了隔天的outside A的母線高點，從此觀點來看，強烈暗示了之後的上揚。即使傻傻地跟著訊號機械式地進行買賣，也相對容易獲利，這就是反轉訊號的特性。

反轉也極可能緊接著大行情

由於反轉經常出現在價格即將發生大反轉的行情初期，因此本節就讓我們來看一看實例。所謂的大行情，往往是在多頭空頭兩方都不知道市場會往哪邊移動，價格激烈上下波動時，以預想之外的情況發生，尤其容易因其中一方勢力大規模的停損行為而產生。

圖1－14是英國公投決定脫歐的2016年6月前後的英鎊／日圓的日線圖。確定脫歐那天的K線A的價格變化簡直可用「歷史性」來形容，是個波動極大的行情。

上下影線都很長的巨大陰線A，在大幅跨越前日的高點後，又一下子暴跌往下，大幅跌至前日低點之下，形成巨大的向空反轉加outside加runway down的複合訊號。

在這混亂一天中的價格波動，如果從價格行為的訊號來冷靜判斷，首先就會發現①的前日低點被跌破的地方，由於是急漲後留下長上影線再暴跌，因此是個絕佳的賣出點。

加上又出現數日前夾著週末的價格變動產生的K線的空白＝跳空填補的現象，所以跳空被補起的②處也是追隨賣出的時機點。

然後，在數日前出現的長下影線的spike low附近低點的③處，算是重要的支撐帶，價格跌破此支撐帶，且當天的價格差點突破最近高點卻又反轉直下，放出false breakout的訊號。之後，因為價格在③處跌破最近低點，故也可算是追加賣出的時機。

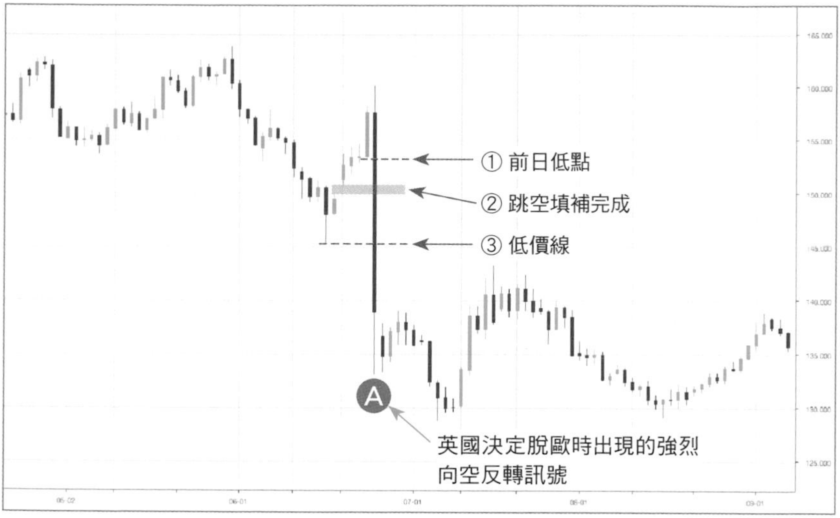

圖1－14　英鎊／日圓　日線（2016年6月6日～11月22日）

這個堪稱歷史性的向空反轉發生之後又形成了runway down的線形，將此日前後的價格水位完全分開，持續著下跌的趨勢。**與大行情直連的強烈K線，對之後的價格變化將有極大的影響。向空反轉A的下影線低點或上影線高點，此後也將成為強力的抵抗帶或支撐帶，請各位務必要隨時具有這樣的觀點。**

在天花板出現的outside是趨勢轉換的前兆

outside的成立條件是當日的K線將前日的K線完全包住，故在日本的罫線分析中又稱「抱線」或「包線」。

當日K線將前日K線完全包住的意思，就是當日的價格變化方向與前日迥異，且變動幅度大於前日。就這層意義來看，outside跟反轉訊號很容易同時出現。

圖1－15是歐元／美元的日線圖，長上影線的pin bar A出現後，**大陰線B**緊接著形成outside加反轉的形式，放出觸頂的訊號。這條K線B的上影線雖然一瞬間跨越了pin bar A的高價線，但隨後又大幅下跌，變成false breakout，是強力的下跌訊號。

另一方面，**圖1－16**的澳幣／日圓屬於雙頭的型態，顯示上升趨勢已觸頂。觀察第二個天花板形成的區域，在小陽線↓中陰線↓大陽線這種包住前一天的K線連續出現後，最後又出現了包住前面所有K線的outside大陰線C，暗示了市場將進入下跌趨勢。**在天花板、大底圈出現的outside通常是趨勢轉換的前兆，要特別留意。**

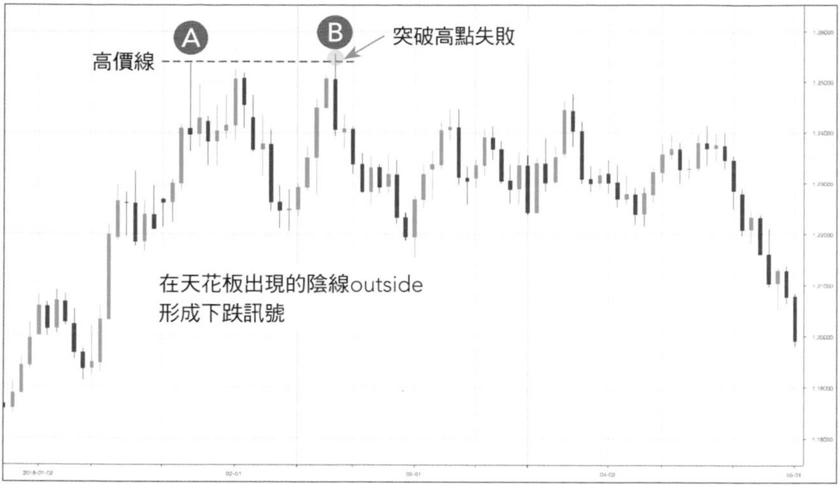

圖1－15　歐元／美元　日線（2017年12月27日～2018年5月1日）

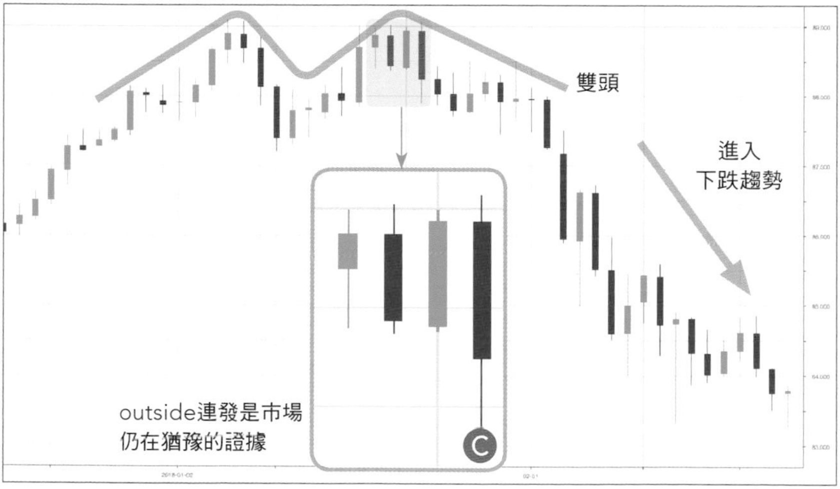

圖1－16　澳幣／日圓　日線（2017年12月15日～2018年2月23日）

在趨勢中間出現的inside要留意突破方向

圖1－17的美元／日圓中，在下跌趨勢的大底圈出現的outside是觸底訊號，為趨勢轉換的例子。

在下跌趨勢持續的局面中，價格在抵抗線和支撐線間持續著錐形的下跌。然而隨著**大陽線A**出現，抵抗線被突破後，「錐形下跌」的線形完成，暗示了價格將重新上揚。而且完成這個重要線形的K線A，對於前日的長上影線的方形陰線形成outside，放出了兩種觸底的訊號。

然後，緊接著outside A之後，又出現了3條小陰線、2條陽線，共5條像被A包住的K線。這些全都與K線A形成了inside的形式。

所謂的inside，乃是大陽線或大陰線出現後，隔天之後的價格變動被收斂在當天幅度內的線形。一開始發生了巨大的價格變動，接下來又出現類似修正的反方向小幅變動，雖然與outside相較屬於較弱的形式，但在趨勢中段出現時通常為調節的訊號。

圖1－17也是一樣，outside A成功突破了錐形下跌後，價格來回搖擺，形成3條小陰線的inside。價格突破抵抗線引發了獲利了結的一波賣出，暗示了價格進入調節的局面。

然而在那之後，卻出現了包住前日小陰線的outside B陽線。在速度調節後，上升的力道加速，**陽線C**跨越了最初的大陽線A的母線高點，正式進入了上升趨勢。

圖1－17　美元／日圓　日線（2017年12月18日～2018年4月24日）

inside出現後，成為母線的inside的前日K線的高點、低點其中一方被突破時，價格將朝突破方向加速。

圖1－17的情況，因為價格跨越了K線A的母線高點，所以回歸到了上升趨勢。無論是inside還是outside，重要的都是價格之後朝哪個方向突破。在確認該突破沒有變成假訊號，確定趨勢的發生後再進場買賣則是基本原則。

在天花板、大底圈附近頻繁出現的false breakout

市場參加者最在意的，就是過去的高點和低點。過去的高點是多頭容易撤退的地點，低點則是空頭勢力最容易失速敗走的地方。

而價格突破高點或低點失敗、以假訊號告終，朝反方向加速的訊號就是「false breakout」。

過去的高點是多頭做多，低點則是空頭做空最常進行獲利了結的位置，但一如日本的投資格言「一毛錢的新值比鬼更恐怖」，目標達成後的成就感和過度警戒，還有對突破失敗的恐懼和失望，都是造成false breakout出現的原因。

圖1－18為美元／日圓的日線圖，A、B兩處各出現了一次false breakout，兩者都在跨越**高價線**留下上影線後，轉而加速下跌。

另一方面，從低點來看，**陰線C**的下影線雖然也一度跌破了畫面左下的**低價線**，最後卻成為假訊號反轉上揚，發出false breakout的訊號。

如同前面一再提及，假訊號無一例外，都是因為其中一方發動攻擊卻敗逃而引起的。明明發動了攻擊，卻遭遇反擊而撤退，並受到重創，使得價格朝反方向變動，才導致false breakout。

刷新低點之所以會以假訊號告終，實際上與其說是多頭重振旗鼓，不如說是因為一部分的空頭臨陣叛逃，進行獲利了結所致。換言之，**空頭自己也並非團結一致，勢力內部的背叛或倒戈，才**

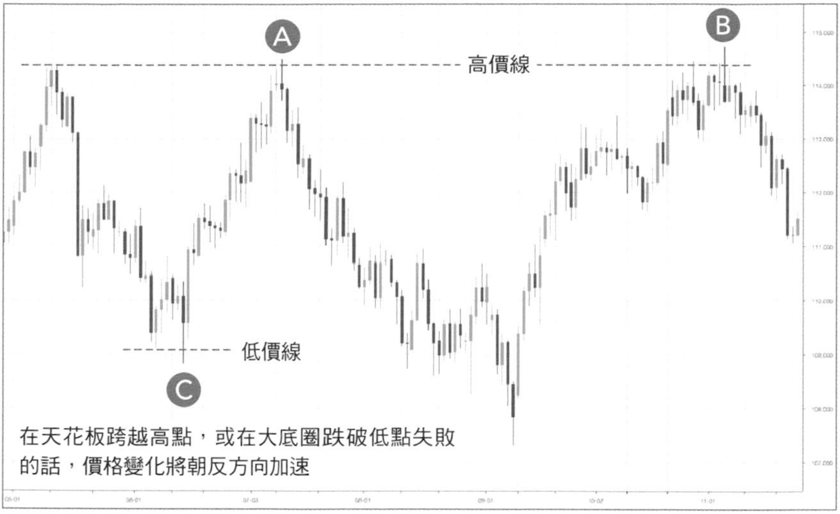

圖1－18　美元／日圓　日線（2017年4月28日～2017年11月27日）

是假訊號的本質。尤其過去的最高點或最低點，正是很可能被套在高點或低點、蒙受巨大損失的「最前線」，為最容易出現逃兵的地方。而價格行為就是解讀價格變化背後的投資人的心理。包含假訊號在內，價格變化是不會騙人的。

價格行為的真髓・fake setup

如果false breakout是在行情的天花板和大底圈出現的假訊號，那麼fake setup就是價格突破整理行情後，卻緊接著朝反方向加速的假訊號。

圖1－19是歐元／日圓的日線圖，持續著上升→拉鋸→再上升的階梯形上升趨勢。價格在脫離階梯形的整理行情前，雖然一度跌破了**支撐帶**，但這個突破最後卻是假訊號，出現了**fake setup的K線A**，之後反轉上揚了數天。

圖1－20是川普就任總統時，出現了異常長上影線的**陰線**B的歐元／美元的日線圖，K線B為outside、向空反轉和fake setup的多重訊號。然後，**K線**C、D的刷新高點也以假訊號告終，形成fake setup的訊號，但D的fake setup本身也變成假訊號，**K線**E一度下跌後又反方向爬升，形成fake setup，使上升開始加速。本以為D的上升訊號是陷阱，價格將開始往下，沒想到卻因為K線E的出現，使下跌的徵兆也變成假訊號，最後變成雙重陷阱，令上升的趨勢得到強化。

這正是市場為多頭空頭互相欺騙的最好例子。這是比普通的假訊號更強的訊號。

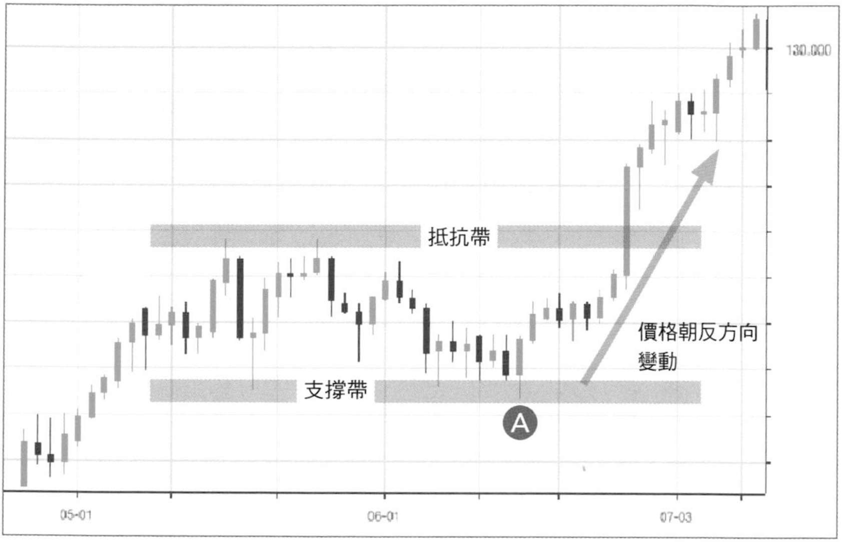

圖1－19　歐元／日圓　日線（2017年4月13日～9月20日）

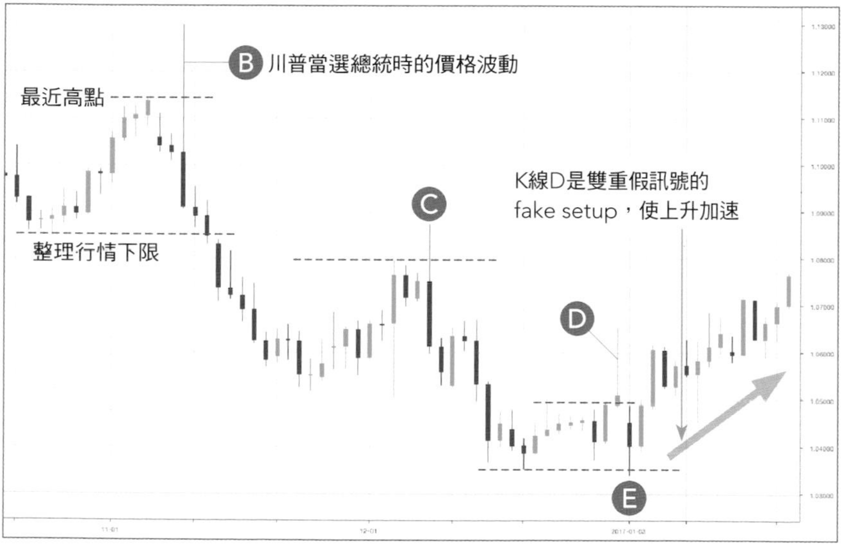

圖1－20　歐元／美元　日線（2016年10月20日～2017年1月23日）

在川普行情之初出現的K線是？

在價格行為中，一條K線經常同時出現多重訊號，而愈複雜的訊號，訊號的強度愈高。例如fake setup中一度跌破整理行情的下限，但之後又跨越前日高點的K線，同時也滿足向多反轉和outside的條件，屬於很強的反轉上升訊號。

這裡讓我們重新檢視本書開頭看過，於川普當選美國總統的2016年11月9日出現，在外匯市場引發地震的K線吧。

一如本書開頭的介紹，**圖1－21中的K線A**具有非常多重的意義，是很有意思的價格變動。光是這一天內的價格變化就出現了許多訊號，包括：

- **包含前日在內，收盤價跨越了過去高點的thrust up**
- **最高價超越了過去5天的高點，且最低價也跌破了過去5天低點的runway up**
- **下影線異常地長，來自低價圈的反作用力非比尋常的spike low**
- **在跌破前日甚至一整個月的低點後，又急速反彈收在過去高點之上的向多反轉**
- **將過去1個月內的所有K線都包住的outside**
- **跌破過去的低價線後，又跨越了過去的高點，故相當於只用一條K線就完成了fake setup**

其中最強的訊號就是fake setup。這條跌破了最近低點卻以假訊號告終的下影線背後，有一段

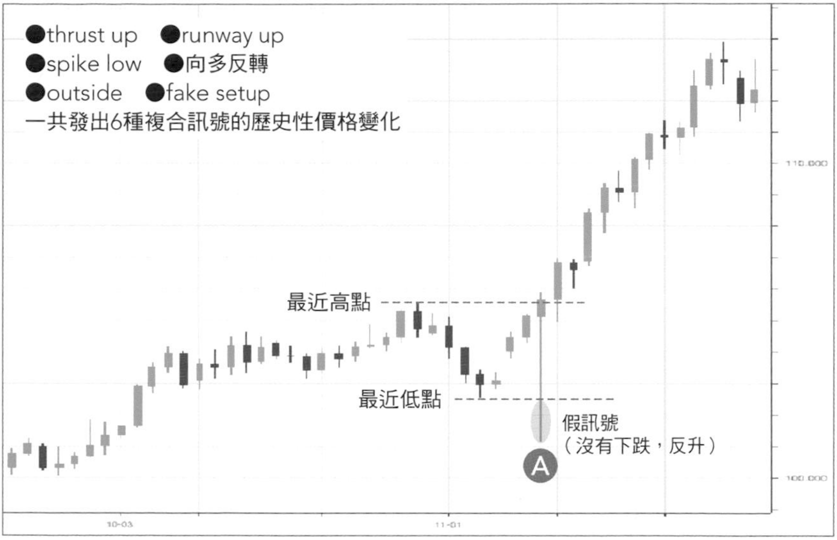

圖1－21　美元／日圓　日線（2016年6月6日～11月29日）

著名投資人喬治・索羅斯在川普行情大膽賣空，結果蒙受鉅額損失的故事，從中可窺見空頭以為自己的春天到來，建立鉅額賣出部位的蹤跡。然而，市場卻在同一天大逆轉。空頭突然如驚弓之鳥般紛紛停損買回，一部分的投資人甚至轉而做多，加上新的多頭一口氣買進，才完成了這個歷史性的fake setup。

在K線A的大反轉發生後，儘管隔天看似會進入整理，但結果卻出現大陽線，可看出空頭的止損行動並未在一天之內結束。而且因為新的多頭進場買進，引發連鎖效應，使價格一直線地上漲，持續2個月左右。

我有位投資經歷長達40年、住在美國的大前輩，他也感嘆「做了40年的外匯投資，從來沒見過這種價格的變化」。川普行情開端的K線A就是這麼地戲劇化。

當然，除了川普行情這種歷史性的大行情

之外，fake setup在一般的整理行情或趨勢行情中也是經常出現的強力反轉訊號。在崇信「假訊號正是最好的訊號」的價格行為中，fake setup也是靈活性、泛用性最好的訊號。技術指標一旦變成假訊號，很多人就會覺得「這種分析法根本沒有用」，但那是錯誤的。因為被騙就惱羞成怒、自暴自棄、感情用事，是沒辦法在外匯投資中賺到錢的。**「假訊號正是最好的訊號」**，乃是柔軟、冷靜、精準把現狀不可或缺的態度。當然，在實戰中，一如在83頁下半部的歐元／美元的價格變化中看到的，有時也可能出現fake setup本身就是假訊號，屬於雙重陷阱的新式fake setup這種複雜的發展。正因為如此，**遇到假訊號也要處變不驚，掌握價格行為的原則並迅速應對接下來的發展才如此重要。**

第2章

使價格行為
更發光發熱的最強技術分析
GMMA的看法和用法

價格行為＋趨勢系指標的運用方法

無論何種技術分析都不可能１００％準確。既然「完美」不存在，那麼外匯交易者能做的就只有不拘泥於一種指標，而是組合多種技術指標，尋找提升預測精度的方法。

要找出可以結合雙方長處、抵銷彼此短處的組合，必須考慮每種技術分析與自己的契合度、交易成績，以及各種分析方法的差異。而我自己在實戰中使用的組合則是以下這兩種：

●**價格行為**

●**ＧＭＭＡ（顧比複合移動平均線）**

其他還會使用容易成為價格波動支撐帶、抵抗帶的一目均衡表的雲帶，以及線圖下半部的震盪系指標ＲＳＩ，藉此來判斷匯率是否過熱或過頭。

不過，基本上用趨勢系指標的ＧＭＭＡ確定目前的價格趨勢＝方向，再用價格行為的訊號確認趨勢將加速或持續後，我就會判斷該不該進場。相反地，如果價格行為的訊號與ＧＭＭＡ顯示的趨勢方向相反，我便會考慮趨勢轉換的可能性。因此，本章將為各位介紹什麼是ＧＭＭＡ，以及我平時常用的買賣訊號。

GMMA（顧比複合移動平均線）的原理和看法

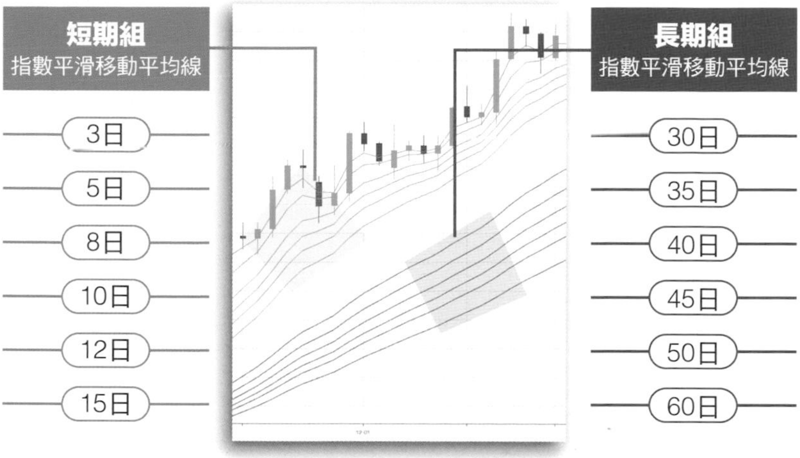

GMMA的訊號可一眼就瞭解現狀

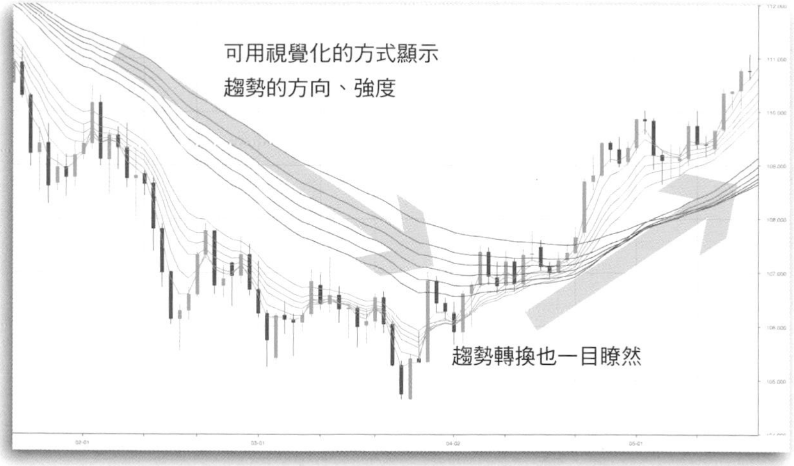

圖2－1

GMMA怎麼畫？

從GMMA的全稱「顧比複合移動平均線」即可得知，這是一種用12條移動平均線來掌握價格趨勢的技術指標。

GMMA所用的移動平均線，一般是使用將當天收盤價的權重乘以2，藉以迅速反映當前價格的指數平滑移動平均線（EMA）。

這12條移動平均線分別是收盤價的平均日數為3日、5日、8日、10日、12日、15日的6條短期線，以及30日、35日、40日、45日、50日、60日的6條長期線。

一如前頁的**圖2-1**所示，短期線為水藍色，長期線為粉紅色，兩種線分別用不同顏色表示。從這兩種顏色的移動平均線束即可一眼看出長期和短期的趨勢，這就是GMMA的特徵。如果是單獨一條的移動平均線，只能從斜率或匯率的位置關係來判斷趨勢。但GMMA可以用斜率、匯率、短期組、長期組的相對位置，以及6條長期組線束的厚度，還有短期組、長期組的均線變化等資訊來判斷趨勢的強弱、速度、持續性、轉換等等。

GMMA的基本看法主要是比較3～15日的6條短期EMA線束，以及30～60日的6條長期EMA線束。GMMA的短期組和長期組，分別象徵著外匯市場上的兩種參加者。

短期組所代表的勢力是追逐短期價格變化藉此獲利的投機者，如銀行間市場頻繁進行短期買賣的外匯交易員。

他們喜歡利用趨勢的加速或是市場的過熱進行投機性的買賣。通常看到一點點的價格波動就會判斷「今天會漲」而進場買進，一旦走勢不如預期就會馬上見風轉舵，由買轉賣。

投機者很少長期持有一個部位，只要價格稍有變化就會變現獲利，買賣次數非常頻繁。由於他們的買賣沒有固定的方向，常常剛買完就賣掉、剛賣出就買回，因此對市場的影響力並不大。

而長期組所代表的勢力，則是從更長期的視野進行交易的投資信託或實需者，還有依靠基本分析導出的複雜數據模型進行長期投資的避險基金等等。這類投資者會以較長的時間為單位，在外匯市場投入鉅額的資金。而這些資金就是影響匯率方向＝趨勢的主要動力。

短期組和長期組時而針鋒相對、時而攜手並進，則形成了外匯市場的趨勢。

而ＧＭＭＡ就是將短期組和長期組這兩方勢力的動態視覺化後，分析推動外匯市場的投資者（或投機者）的指標。

從短期組＝沙丁魚、長期組＝鯨魚的比喻來思考

我常常將這兩大勢力中的短期組比喻為「沙丁魚」，將長期組比喻為「鯨魚」。

「沙丁魚和鯨魚」的比喻不僅初學者容易理解，也能恰如其分地反映出這兩大勢力在實際外匯市場上的角力關係和動態，非常好記。

那麼，沙丁魚＝短期的投機者、鯨魚＝長期的投資者，究竟哪邊比較強呢？不用說，答案當然是資本巨大且投資期長的長期組。

即使在實際的外匯市場上，決定主要趨勢方向的，也是長期且持續買進或賣出的鯨魚。他們的動作雖然緩慢，力道卻非常強勁，形成了匯率市場的巨大潮流。

相對地，代表短期組沙丁魚的則是在銀行間市場全年無休、以日為單位進行短期買賣的銀行交易員。他們的操作特色是逃跑和倒戈的速度飛快，同時會在鯨魚製造的浪潮周圍迅速移動，就跟現實中的沙丁魚群很類似。

日本的散戶投資者也屬於短期組的沙丁魚。雖然主導趨勢的是鯨魚，不過鯨魚的食物卻是沙丁魚。就像鯨魚捕食沙丁魚群一樣，短期組的沙丁魚總是跑在長期組的鯨魚前面，而長期組的鯨魚有時則會追上短期組的動向。

短期組的沙丁魚雖然總是想搶在長期組的鯨魚之前採取行動，但最後總是被壓倒性強勢的長

GMMA的概念即是「短期組＝沙丁魚」、「長期組＝鯨魚」

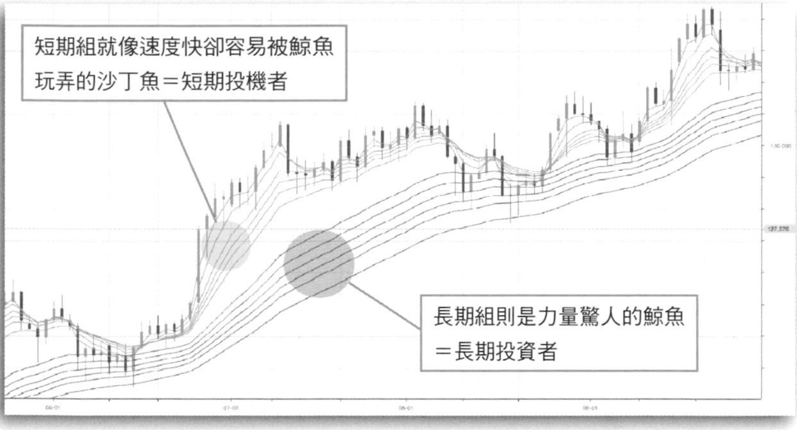
短期組就像速度快卻容易被鯨魚
玩弄的沙丁魚＝短期投機者
長期組則是力量驚人的鯨魚
＝長期投資者

圖2－2

期組玩弄於股掌之間。

一如**圖2－2**所示，沙丁魚總是拚命想逃離鯨魚，或是反過來試圖突破鯨魚的包圍，使兩者的距離時遠時近。

與鯨魚接觸的沙丁魚，大都無法衝破鯨魚圍成的厚牆，而被推向反方向。然而，沙丁魚偶爾也會成功突破鯨魚的包圍網，衝到另一頭去。這種時候，鯨魚也會移動沉重巨大的身體追著沙丁魚，進行大翻身。

這種「鯨魚和沙丁魚」的比喻，就是我發明的GMMA分析法的基本概念。

從沙丁魚和鯨魚的關係看出趨勢的方向與強弱的方法

藉由GMMA分析趨勢時，需要注意短期、長期GMMA的斜率和方向等資訊。其注意點整理如下。

①斜率、方向……使用GMMA的時候就跟移動平均線一樣，首先要觀察斜率藉以尋找趨勢的方向。GMMA的方向如果是右上斜為上升趨勢，右下斜為下跌趨勢，水平方向則代表不存在趨勢。尤其需要注意的是主趨勢的長期組斜率。

②序列……在斜率之後，則要觀察各由6條線組成的短期組、長期組的移動平均線（EMA）的序列。移動平均線在計算上，短期的均線會比較及時地反映出實際匯率的價格變化。因此在上升趨勢中，短期組的順序由上到下是「3↓5↓8↓10↓12↓15」，長期組的順序則是「30↓35↓40↓45↓50↓60」，而下跌趨勢則相反。若短期組和長期組內部的6條移動平均線的順序較亂，就是趨勢轉換或震盪行情的訊號。

另外，以6條線1組來觀察短期組、長期組，以及匯率間的相對位置也非常重要。上升趨勢中由上至下為「匯率＞短期GMMA＞長期GMMA」，下跌趨勢則為「長期GMMA＞短期GMMA＞匯率」。

③間隔（收斂、發散）……6條EMA的線束為發散、互相遠離，代表目前的趨勢將持續增強。

用GMMA判斷趨勢和方向

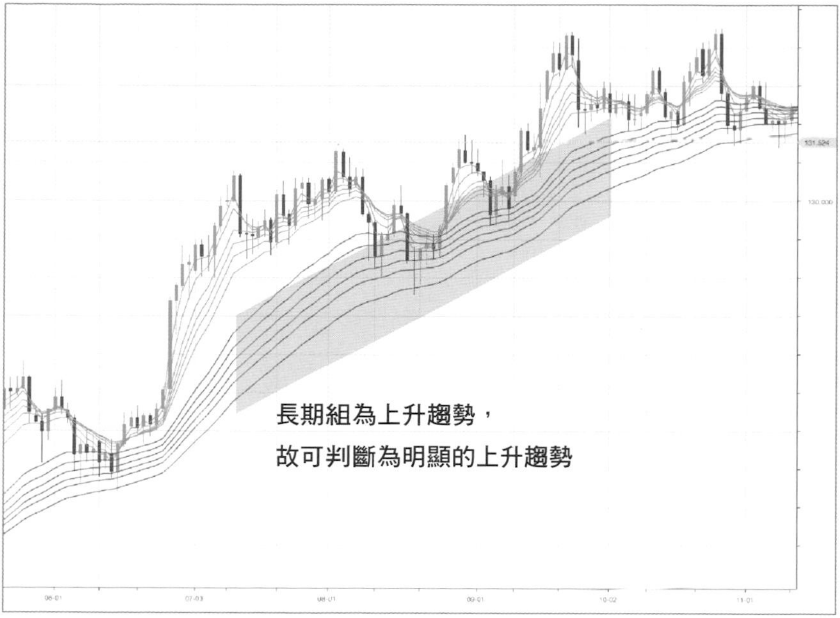
長期組為上升趨勢，
故可判斷為明顯的上升趨勢

相反地，若線與線的間距逐漸收斂，就是趨勢減弱的證據。如果持續減弱下去，6條EMA的順序就會打亂，並出現交叉的情況。

這裡的重點在於長期組的發散、收斂或安定。長期組的發散代表趨勢將愈來愈強。

另外，除了組內部6條移動平均線的間隔之外，從整體的觀點來看時，短期組和長期組間的距離也很重要。

兩者互相遠離代表趨勢在加速，兩者互相接近則代表趨勢在失速。

④試探、交叉……當短期組愈來愈接近長期組時，最後就會發生

用GMMA判斷趨勢轉換（序列的變化）

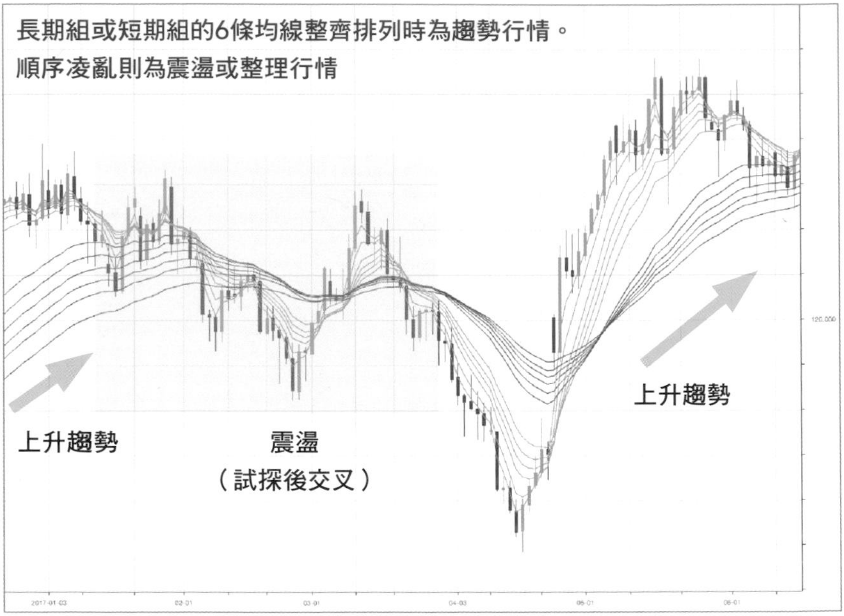
長期組或短期組的6條均線整齊排列時為趨勢行情。
順序凌亂則為震盪或整理行情
上升趨勢
震盪
（試探後交叉）
上升趨勢

接觸。本書將這種情況稱為「試探」。

短期組試探長期組，如果用沙丁魚和鯨魚的比喻，就是沙丁魚主動靠近鯨魚，嘗試突破其包圍網衝到另一邊。這將是決定未來趨勢是否轉換的關鍵局面。

相反地，當沙丁魚群被鯨魚堅實的包圍網一網打盡，重新朝反方向遠離的話，就代表趨勢轉換以失敗告終，原本的趨勢重新復活。

⑤匯率與GMMA……GMMA是一種從長期組和短期組的關係來尋找買賣機會的方法，但除此之外也需要觀察匯率與GMMA的相對位置。

尤其與價格行為分析法並用的

用GMMA判斷趨勢的強弱

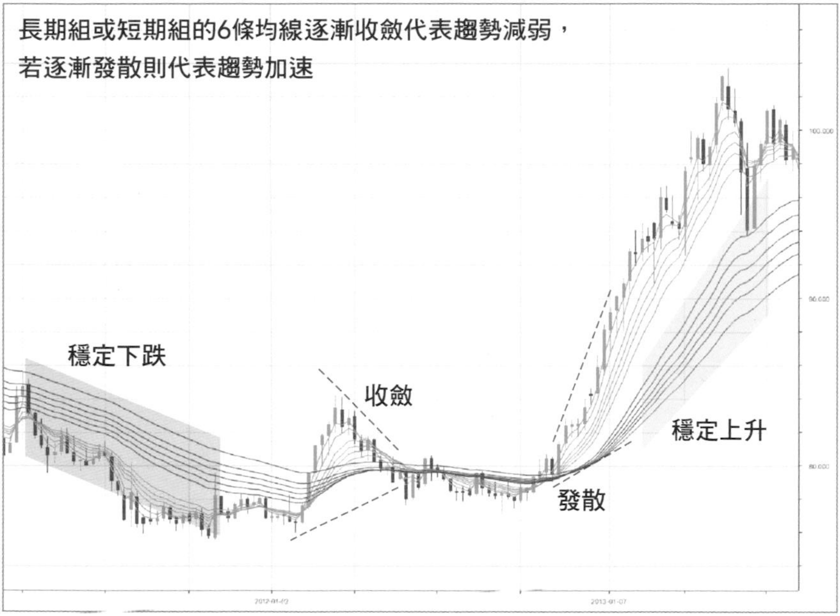
長期組或短期組的6條均線逐漸收斂代表趨勢減弱，
若逐漸發散則代表趨勢加速
穩定下跌
收斂
穩定上升
發散

時候，當GMMA的長期組與短期組碰在一起，K線是否有釋放出任何訊號，在分析目前價格走勢和預測未來價格方向的意義上是非常重要的。

分析時應比對GMMA與價格行為顯示的訊號是否方向一致，或是指向不同方向。

※

99頁開始，我將運用鯨魚與沙丁魚的比喻，為各位介紹由我發想的買賣訊號中，在價格行為&GMMA的組合分析裡最頻繁出現的「鯨吞」、「跳龍門」、「沉魚」這三種。請大家一定要記住。

用GMMA判斷趨勢的方向與強弱

■判斷斜率和方向

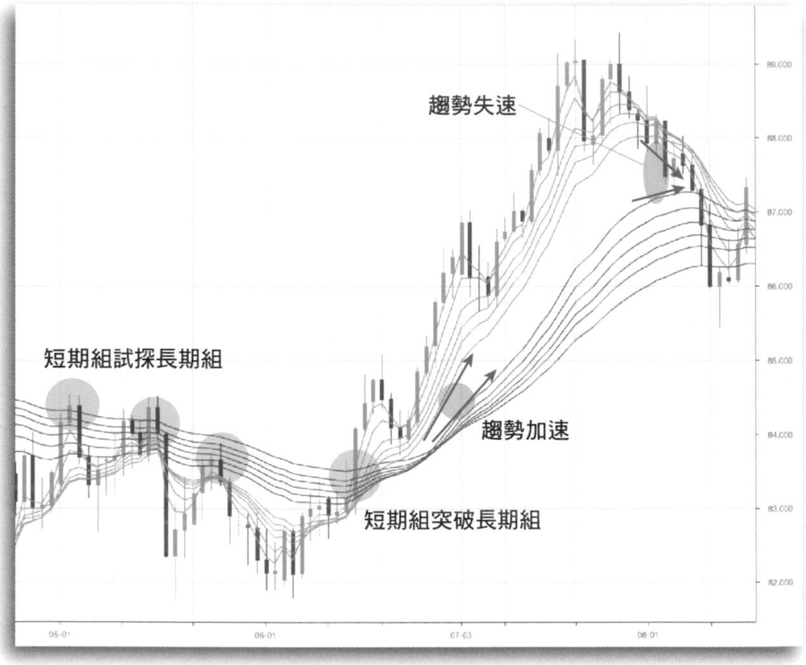

回檔買進・反彈賣出・鯨吞

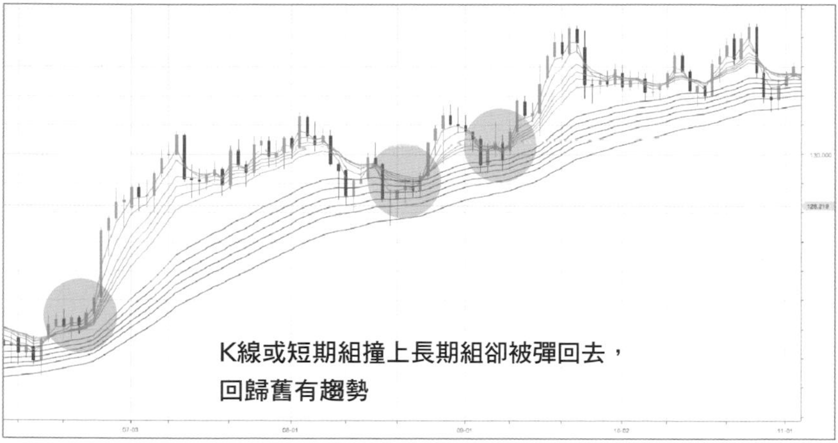
K線或短期組撞上長期組卻被彈回去，
回歸舊有趨勢

GMMA是種一眼就能看出匯率走勢的指標。不過，即使處於趨勢行情，也沒有永遠上升或永遠下跌的趨勢，一定會遇到投資人獲利了結，行情重新整理的時候。然後當整理行情結束後，若趨勢重新回到原本的方向，就是「鯨吞」的GMMA訊號。

所謂的鯨吞是短期組的沙丁魚嘗試突破長期組鯨魚的包圍，卻被堅實的防線擋下，遭到一網打盡，重新朝原本的方向落荒而逃的形勢。這是一種可以精準看出趨勢行情短暫休止後繼續加速的「回檔」、「反彈」之訊號。

若留意短期組撞上長期組時出現的價格行為訊號，便可提早察知鯨吞型態是否完成，短期組是否成功突破長期組實現趨勢的轉換。

轉換為上升趨勢・跳龍門

所謂的「跳龍門」就相當於移動平均線俗稱的黃金交叉。短期組的沙丁魚由下而上突破長期組鯨魚的包圍，這是市場轉換到上升趨勢的訊號。由於6條短期組的線完全穿越了6條長期組的線，因此準確性會比移動平均線更好。

不過，有時也會遇到本以為成功交叉，卻又重新被壓回去的情況，所以要判斷「究竟是跳龍門還是鯨吞」，需要一點時間。這種時候，只要運用價格行為觀察匯率的走勢和方向，即可提前察知趨勢會往哪邊傾斜。

轉換為上升趨勢的時候，當然在價格行為中也會看到突破最近高點或低點的訊號，使價格走勢往上增強。在這類上揚的訊號發生後，如果又出現了跳龍門的訊號，即可判斷趨勢確實發生了轉換。

轉換為下跌趨勢・沉魚

所謂的「沉魚」就相當於移動平均線中的死亡交叉。因為抹香鯨是一種會潛入深海捕食的鯨魚。

上升趨勢迎來尾聲，在鯨魚上方迴遊的沙丁魚群突破鯨魚的包圍並急速下潛，這是市場轉為下跌趨勢的訊號。跟跳龍門一樣，這裡同樣需要一點時間，才能判斷究竟是否會變成鯨吞、重新回到上升趨勢，抑或會成功完成沉魚、轉換到下跌趨勢。如果能提早得知趨勢轉換的時間點，趁那時進場，將可獲得極大的利益。

因此我們要運用價格行為分析法，檢查有無出現從高點回跌或跌破低點等代表下跌的訊號，提前判斷「究竟是沉魚還是鯨吞」。

靠價格行為＋GMMA的組合百戰百勝

價格行為就有如解讀外匯價格變化的文法。

而GMMA則是將專業投資者（鯨魚）的動向，以及外匯市場的整體趨勢視覺化的工具。

我相信只要運用這兩樣武器就能在外匯市場乘風破浪，精準地搭上趨勢，藉此提升勝率、增加收益。

GMMA可以為我們這種被每天的價格波動玩弄、容易變得短視的投資者，提供外匯市場的「大局觀」、「全像」與「俯瞰圖」。

相對地，價格行為則是在前景莫測的價格波動最前線實際進行買賣判斷時不可或缺的「武器」，也是解讀多頭空頭之間「短兵相接」的關鍵。價格行為扮演著重要的前導角色，幫助我們在大趨勢發生的初期就能見微知著，搜尋重要且細微的價格動態以決定今後方向。

換言之，以GMMA提供的大局觀為基礎，解讀價格行為顯示的個別價格變動的真實意義，可以幫助我們提高勝率、增加收益。舉例來說，**圖2－11**為澳幣／美元的日線圖，在畫面的中央，GMMA的短期組由下而上突破長期組，完成了轉換為上升趨勢的**「跳龍門」**訊號。

然而，若觀察價格行為的動態，便可在更早之前發現趨勢轉換的可能性。也就是圖中的長上影線的**陰線A**出現後，連續4條陽線的thrust up形成的谷底強力反彈。除此之外，圖中還出現了長

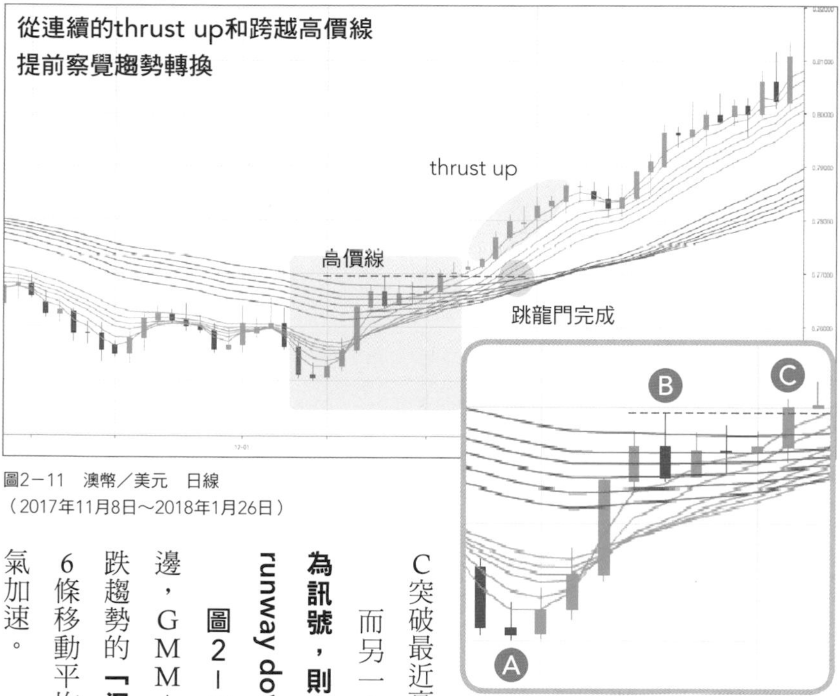
從連續的thrust up和跨越高價線
提前察覺趨勢轉換
thrust up
高價線
跳龍門完成
B
C
A

圖2－11　澳幣／美元　日線
（2017年11月8日～2018年1月26日）

上影線的spike high B，儘管上升的力道一度暫時休止，但4天之後，又出現了跨越B上影線頂點的**大陽線C**，形成trust up，而且不久後C又形成runway up。這是可提前察知GMMA的跳龍門訊號即將完成的寶貴訊號。在實戰中，不僅能從大局預測到跳龍門的完成，也可以在大陽線C突破最近高點時進場試水溫。

而另一方面，**在下跌趨勢中頻繁出現的價格行為訊號，則有跌破前日低點收盤的thrust down和runway down。**

圖2－12是歐元／美元的週線圖，在畫面的左邊，GMMA的短期組跌破了長期組，完成轉換為下跌趨勢的**「沉魚」**訊號。其後短期組和長期組兩方的6條移動平均線的間隔逐漸擴大，可知下跌趨勢一口氣加速。

這個過程出現了多個thrust down的訊號。runway down的定義是價格跌破過去5日的最低點，100％會與thrust down重疊，而圖中連續出現了thrust down和runway down的訊號，這是強力的下跌徵兆。

在thrust down連續出現的局面中，只要GMMA的短期組被長期組彈回的「鯨吞」訊號沒有出現，價格就是一直線下跌。

此類情況下的買賣時機是匯率在GMMA的短期組附近反轉上揚後，又開始下跌的地方。圖中的歐元／美元在來到GMMA的短期組附近後，出現了inside的**陰線A**，然後隔天，**陰線B**跌破作為母線的前前日K線的低價線，這是鎖定下跌趨勢又開始加速的賣出良機。另外，相對於前一條陽線，形成outside、向空反轉，加上thrust down的**陰線C**出現的時機，也非常適合追加賣單。

強力的下跌趨勢持續期間，可以將GMMA的短期組視為抵抗帶，當價格暫時返回短期組附近之後，等待價格行為的下跌訊號出現時趁反彈賣出，只要運用這種戰略就相對容易在下跌趨勢中獲利。

外匯的獲利，不論是上漲也好、下跌也好，都是像這樣搭上強趨勢的便車而產生。這種時候，要一邊運用GMMA判斷大趨勢的強弱與方向，一邊尋找價格行為的下跌加速訊號。只要結合兩種技術分析就不會錯失強力的趨勢，可以確實地跟上趨勢，找到進場的時機。

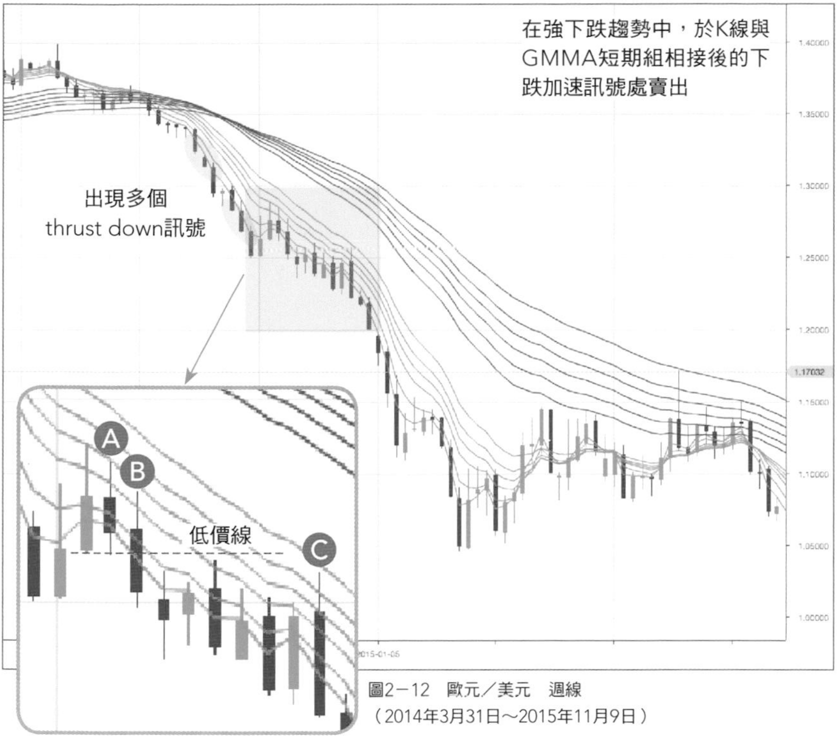

圖2－12　歐元／美元　週線
（2014年3月31日～2015年11月9日）

注意趨勢轉換、跳龍門內部發生的價格變化

圖2－13是2016年6月到12月，美元／日圓的日線圖。

因川普當選總統，美元／日圓從2017年年初一口氣翻轉，轉換為上升趨勢。當時的價格變化，我們已在84頁的價格行為中詳細解說過。

然而，從GMMA短期組和長期組的相對位置來看，早在更久之前就有可能預見後來的大轉向，並提前進場。配合GMMA，價格行為的分析可變得更加敏銳、更加精確。因此這裡讓我們利用GMMA的訊號，再重新分析一次川普行情時的價格變化。

實際上，早在川普當選之前的9月，短期組突破長期組轉向上升趨勢的「跳龍門」訊號就已經出現。之後，GMMA長期組以「60＞50＞45＞40＞35＞30」的熊市排序急速收縮成幾乎只有一條線的狀態，無論何時轉換成牛市的排序都不奇怪。而在跳龍門出現的位置，先前下跌趨勢的抵抗線與由波段低谷連成的支撐線所圍成的大三角形，也一口氣被衝破。

川普當選總統之初，市場上曾經充滿疑慮，擔憂「美國保護主義的抬頭會衝擊全球經濟」。然而觀察GMMA，早在川普當選美國總統之前，美元／日圓就已經轉換到上升趨勢。之後則一如我們在84頁看過的，川普當選總統當天出現的**K線A**的長下影線雖然大幅跌破了最近低點，但卻成功實現了歷史性的逆轉，形成fake setup和向多反轉的強力轉換訊號。只要有抓到這個

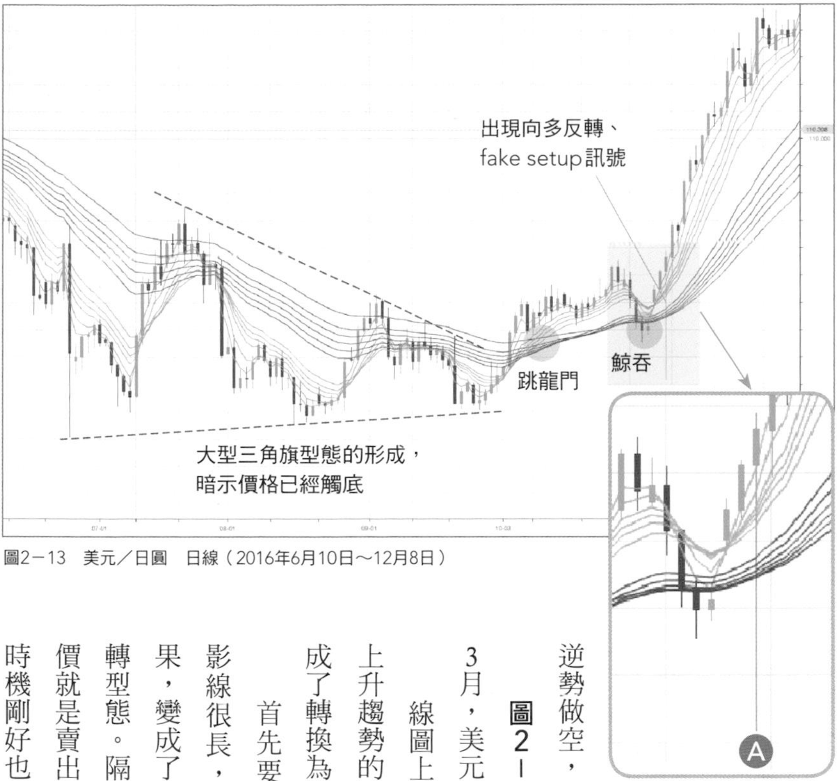
出現向多反轉、
fake setup訊號
跳龍門
鯨吞
大型三角旗型態的形成，
暗示價格已經觸底
A

圖2－13　美元／日圓　日線（2016年6月10日～12月8日）

訊號，就能輕易判斷出接下來的上升趨勢。

GMMA所顯示的大局觀，以及價格行為發出的細部訊號，無論從何者來看，這裡都不應該逆勢做空，而是順勢做多的時機才對。

圖2－14是2015年11月～2016年3月，美元／日圓的日線圖。線圖上，GMMA的短期組從畫面左方的上升趨勢的天花板，成功向下穿越長期組，完成了轉換為下跌趨勢的「沉魚」訊號。

首先要注意的是**陰線A**。這條K線的上影線很長，試圖突破過去的高點卻失敗。結果，變成了大幅跌至前日收盤價之下的向空反轉型態。隔天以後，當價格跌破K線A的最低價就是賣出的時機。此外，觀察GMMA，該時機剛好也是收縮成一條線的長期組被短期組線束穿透的「沉魚」訊號發生之時。換言之，看到價格行為和GMMA兩邊都發出訊號，美元／日圓的匯率跌破該條K線低點的地方，就是鎖定趨勢轉換、建立新賣倉的絕佳時機。

而對於之後的價格變化，要注意的則是B、C兩區。

首先，看似突破了長期組的大陽線B出現，這條線不僅突破了GMMA的短期組，也突破了長期組。接下來的發展有反轉上漲、形成跳龍門，或是持續下跌趨勢兩種，但因GMMA長期組的方向依然往下，而且線束仍然很厚，所以持續下跌趨勢的可能性較高。不過要進場建立賣倉，必須等到GMMA短期組的上升被長期組壓回的「鯨吞」訊號出現。

而要預知鯨吞訊號究竟會不會發生，可以運用價格行為來分析。圖中的大陽線B出現後，又出現一條被包在B內側的小陰線，形成inside。若接下來價格又跌破大陽線B的最低價，即可判斷下跌趨勢將維持不變。

接下來出現的陰線，以及再之後的陰線都跌破了前日的低點，所以是thrust down的型態。而且陰線C跌破了大陽線B的低價線，也就是跌破了inside的母線低點。很明顯是屬於下跌趨勢重新加速的訊號。

這個訊號出現的同時，GMMA的「鯨吞」也完成了。價格行為&GMMA兩者的訊號同時出現，即可確定下跌趨勢將持續。

一如前面的例子，有時GMMA的訊號雖然可以看出下跌趨勢將再次加速，但卻不容易判斷具體該在何處進場。這種時候與價格行為並用的話，就能知道大陽線B的低價線被跌破的地方，即

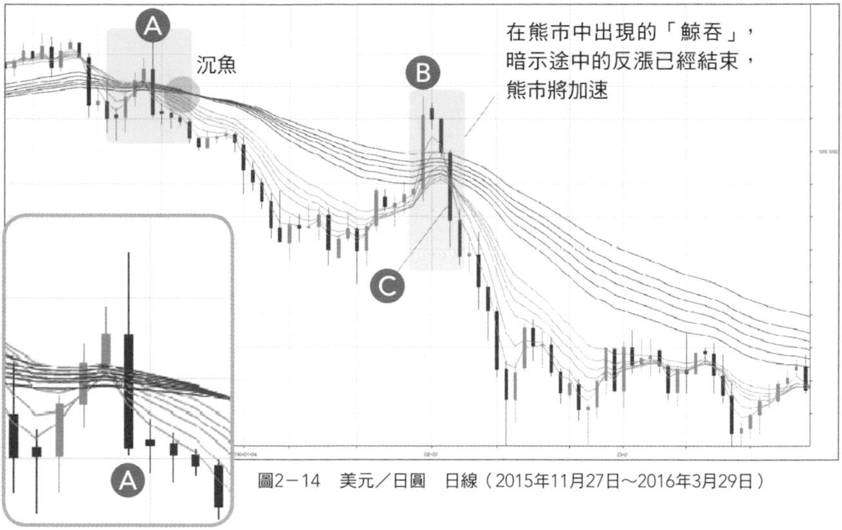

圖2－14　美元／日圓　日線（2015年11月27日～2016年3月29日）

是趁反彈賣出的進場時機。

價格行為+GMMA組合的基本

用GMMA確認趨勢後，等待價格行為的同方向訊號出現時進場，就是在實戰中結合兩者進行買賣的基本步驟。當GMMA顯示的趨勢為向上或向下時：

●如果是上升趨勢，就要注意價格行為的上行訊號「pin bar（下影線）」、「spike low」、「thrust up」、「runway up」、「向多反轉」、「ouside・inside的母線高點突破」等。而如果出現反方向的訊號，卻以假訊號告終時，則可視為強力的上行訊號。例如「spike high」的觸頂訊號出現後隔天，價格卻又漲破前日的上影線頂點等情況。

●相反地，如果是下跌趨勢，則要留意價格行為的下行訊號「pin bar（上影線）」、「spike high」、「thrust down」、「runway down」、「向空反轉」、「ouside・inside的母線低點跌破」等。同理，若代表上行的價格行為訊號以假訊號告終，就相當於賣出的訊號。

不過，價格行為終究只是前後價格變化的「文脈」，一定要謹記這個前提。關於實戰中兩者結合的運用方法，我們將在下一章進行更深入、細部的探討。

第3章

使用價格行為＋GMMA實際進行交易

價格行為＋GMMA實戰活用的終極技巧

距離拿到價格行為＋GMMA的畢業證書，只剩下最後一哩路。回顧目前為止的內容，從交易的步驟來看，進場前的第一步是運用GMMA俯瞰整個市場，觀察目前為上升趨勢、下跌趨勢，或是箱型整理。如果是上升或下跌的趨勢，該趨勢何時會迎來終點？如果是箱型整理的話，何時會出現突破？相信各位都已經理解，GMMA是解讀這些訊號十分優秀的工具。

然而，GMMA的缺點就是從徵兆出現到完成為止，需要花費一段時間。而在等待訊號完成的這段時間，可能就錯失了寶貴的獲利了結的時機。因此，我們才需要價格行為與其互補。

價格行為的訊號有時可以用一根K線鉅細靡遺地描繪市場的情況，並明確顯示接下來的市場狀況。因此藉由價格行為，我們可以稍微提前得知GMMA的緩慢訊號是否已經完成並進行準備，在實際買賣時獲得更多利益。然而，這裡一定要謹記在心的是「市場上沒有絕對」。

這一點價格行為也不例外。換言之，當現實不符合理論，「假訊號」發生的話會怎麼樣？可以在這些前提下解讀市場的資訊，正是價格行為的魅力，也是其困難的地方。

自第2章102頁起，我們介紹了價格行為＋GMMA組合的基本戰略，但確實掌握一項技術應用在實戰中最好的方法，唯有從眾多的具體事例學習一途。然後，累積更多的實戰經驗。

本章我們將以趨勢發生時的基本戰略、如何判斷箱型整理被突破，以及趨勢轉換的判斷法為中心，列出各種實例進行詳細的解說。

除此之外，我們也會詳盡地說明，在實戰中使用價格行為時，具體該如何判斷一個訊號是否完成，以及價格行為特有的假訊號和陷阱。

使用的圖表也會以GMMA表示，來看看GMMA如何結合價格行為發揮有效的聯合戰略。關於這兩種方法的組合，要特別注意的是「這並非機械式的方程式」。當圖表上出現醒目的價格變化時，價格行為雖然可以替我們分析該變化的意義，但當新的變化出現時，其解釋也必須隨之更新。

初學者常會急於追求「當這種訊號出現時就100%會發生那種狀況」的「簡單答案」。但愈想追求「100%正確的答案」，就愈容易盲信所謂的「必勝法」，結果用錯誤的方式交易，讓失敗的機率增加。

不過話雖如此，關於價格行為解讀價格波動的方法，還是盡可能用簡略的方式說明，讓初學者也能理解比較好吧。

所以下面就介紹我在進行價格行為分析時使用的具體手法吧。

觀察圖表時，首先要①找出目前價格波動的抵抗帶和支撐帶。匯率在相同的價格帶來回彈跳愈多次，就愈容易在投資人心中形成抵抗帶和支撐帶的意識，築出堅固的防壁。

而在尋找抵抗帶和支撐帶時，②多留意「是否有複數下影線或上影線集中的價格帶」、「是否有在天花板或大底圈出現特殊的影線」會更容易尋找。

一旦找出目前價格波動的抵抗帶和支撐帶，接下來就要注意③價格是否有機會突破這個抵抗帶和支撐帶。如果出現價格行為的上升訊號，而且突破了抵抗帶，則可判斷上升的力道很強。同樣地，若下跌訊號為假訊號，則可視為強力的上升訊號。

相反地，若下跌訊號或是上升訊號為假訊號，則價格跌破支撐帶時就是賣出的大好時機。之後④若價格波動與趨勢系指標的GMMA顯示的趨勢加速（「鯨吞」）或趨勢轉換（「跳龍門」、「沉魚」）吻合，就依照實際的訊號進行買賣。上述①~④的步驟就是整個操作的流程。

不過，有時等待GMMA的訊號完成才進場會錯失買賣時機，所以只依靠價格行為的早期訊號便提前出手也完全沒有問題。GMMA在顯示趨勢的變化之前，一定會出現價格行為的「前兆」，因此可以不等GMMA的訊號完成，積極地進行試探性的買賣。這樣才有結合GMMA和價格行為的意義。

在外匯投資的實戰交易中，機敏的判斷和快速的行動乃是最重要的事。買賣的順序可以靈活地變化。

GMMA與價格行為顯示的組合

●注意過去的高點和低點、作為抵抗帶或支撐帶的價格帶，並重視其附近的價格行為

●若GMMA和價格行為顯示的方向一致就進場買賣。若互相矛盾，則找出其原因

●將高點或低點的刷新、抵抗帶或支撐帶的突破、來回彈跳的動態當成進場的依據

●把假訊號當成反方向的訊號

不預測價格變化，依循訊號交易才是高手

價格行為對於假訊號的理解，就是實戰中對於理所當然會發生的事的對應法。所謂在實戰中理所當然會發生的事，就是「預測落空」。

外匯投資的初學者，可能會以為所謂成功或專業的投資人就是「慧眼獨具，可以正確預測未來的人」，但實際上，在外匯市場成功的投資者並沒有那種如預言家般的能力。

如果執著於預測自己的未來，一旦預測失準就會處於被動的地位，無法在外匯市場穩定而持續地獲利。

俗話說「專業的投資者不會預測未來」。他們所做的，大都只是貫徹「市場的事去問事物本身」的原則，忠實地依循價格變化放出的訊號進行買賣而已。

換言之，如果某個買賣訊號很明顯地變成假訊號，就毫不猶豫地依照訊號平倉止損、觀望情況；如果假訊號的動態很強，就把它當成反方向的訊號轉換投資方向。專業投資人所做的就只是重複此一過程而已。

還有，看到買進訊號出現就馬上把所有資金投進去，可說是最愚蠢的行為。

無論多麼天賦異稟的投資者，都不可能精準地掌握市場所有的起起伏伏。如果手上的本金有能力建立2萬元的部位，那麼進場時最少應分成兩次，每次只用1萬元，分散地投入。

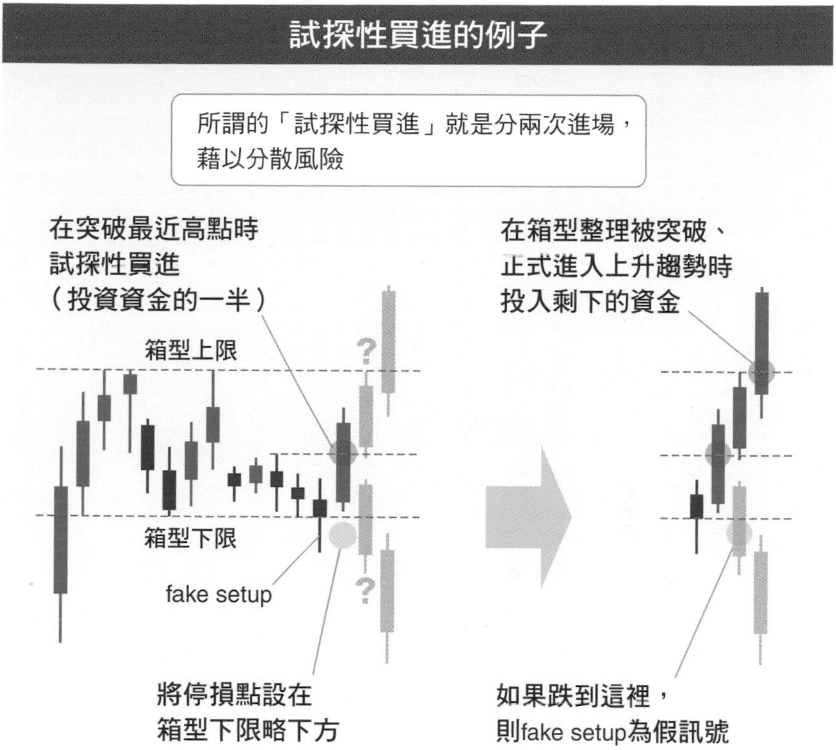
試探性買進的例子
所謂的「試探性買進」就是分兩次進場，
藉以分散風險
在突破最近高點時
試探性買進
（投資資金的一半）
箱型上限
箱型下限
fake setup
將停損點設在
箱型下限略下方
在箱型整理被突破、
正式進入上升趨勢時
投入剩下的資金
如果跌到這裡，
則fake setup為假訊號

圖3－2

如上方**圖3－2**所示，匯率在形成fake setup之後漲破了最近高點，繼續上揚了一陣子，此時若在最近高點被突破的地方買進，就能賺到現價至箱型頂點為止的利益。可是此階段我們仍無法判斷，之後匯率會就這麼轉升，還是會反轉下跌。如果轉跌的話，我們投入的資金便會全部泡湯。所以，此時應該預先考慮下跌的可能性，**等fake setup突破最近高點後，投入一半的資金進行試探，以確保獲利。然後等價格升破箱型整理的天花板，再繼續投入剩下的一半**

資金。雖然這麼做會使從第一次進場到箱型天花板這個區間的獲利減半，但至少還是有一半的本金成功獲得了回報。而且若當時反轉下跌，損失也可減至一半。

試探性地買進後，如果價格沒有上漲，反而跌破了箱型的地板，即能判斷fake setup為假訊號，這時可將停損點設在該處。

「一旦價格突破抵抗帶，代表上升的力道較強，應該買進」，雖然這是價格行為的基本原則，但為了確實地穩固獲利，像圖3－2那樣在最近高點的突破處進行試探性的買進、分散風險也是有必要的。

不論價格行為釋出何種訊號，都不能百分之百保證市場會如何發展。所以，買賣時應該隨時保持謹慎的態度。而試探性地買賣正是其中一例。

此時對於進場範圍的設定，當然也能運用價格行為的知識。設定買賣價格時，將目標價分別設定在釋出訊號的K線高點或低點，以及前日K線的高點或低點，可以降低買賣的平均成本。

最後不用多說想必大家都知道，那種即使預測落空也不認輸，反而砸進更多錢想一次賺回來的做法，更是千萬不能做。

結合GMMA的順勢投資法的終極奧義

在外匯投資中提升獲利的基本戰略就是順勢操作，換言之，就是跟隨目前的趨勢。

本書的主題「價格行為分析法」，主要分析的是一根根K線的價格變化，不適合用來判斷宏觀的趨勢。

雖然在強趨勢中，一定會出現thrust或runway這種刷新高點或低點的價格變化，但那不過是多頭和空頭當下在外匯市場展開的「小會戰」。屬於「見樹不見林中」中「樹」的價格波動。

正因為如此，在使用價格行為的時候，必須配合運用可從高處俯瞰整片森林的趨勢系指標。

當然，所有的趨勢都是由多頭和空頭形成的一個一個價格波動堆疊而成的。沒有價格的波動就不會發生趨勢，沒有價格波動就無利可圖。就這層意義來說，價格行為顯示的波動也很重要。

「究竟該重視趨勢？還是重視個別波動？」這種問題就像在討論究竟是雞生蛋，還是蛋生雞一樣。

因此用終極的趨勢追蹤系指標GMMA掌握趨勢，然後以價格行為找出與趨勢方向一致的波動進場買賣，並設定獲利了結或停損的地方，這種相輔相成是非常重要的。

121頁的**圖3－3**是由下跌趨勢轉入上升趨勢，V字反轉的上升局面中的美元／日圓的日線圖。GMMA出現了**跳龍門**的訊號，看起來有機會挑戰圖中標示的**高價線**位置，而在最低點處連續出現2條大陽線，則暗示了強力的V字反轉。

這種時候，**一邊檢查GMMA的短期組是否由下而上突破長期組，並依循價格行為的上升訊號進行機械式買進是很有效的戰略。**

運用價格行為進行順勢操作最簡單的方法，就是在上升過程中看到outside或inside的母線高點被突破後順勢買進。

具體來說，就是在美元／日圓突破GMMA長期組的上升outside A的**高點**，在隔天被陽線刷新時買進。而停損點可設定在outside A的下影線最低點稍下處。

然後在GMMA短期組突破長期組的**「跳龍門」**訊號出現前夕的地方，因為又出現了outside B，故隔天outside B的**高點**被刷新時可以追加買單，並把停損點拉高到outside B的下影線最低點稍下處。如此一來，便可確保一開始的買進部位的豐厚獲利不會損失，同時繼續鎖定更高的獲利。

在匯率跨越GMMA短期組上升的過程中，出現了相對前日陰線形成inside的**K線**C，而且與A、B一樣，隔天的陽線跨越了C的母線高點，故這裡可以進一步建立買倉。

隨後，價格如**圖3－3**所示繼續上升，漂亮地回到了**高價線**。當然，在上升力道稍歇的情況也有必要先進行獲利了結，但可以在這種只要單純一直買進的戰略中幫助尋找買賣時機，正是價格行為的魅力所在。

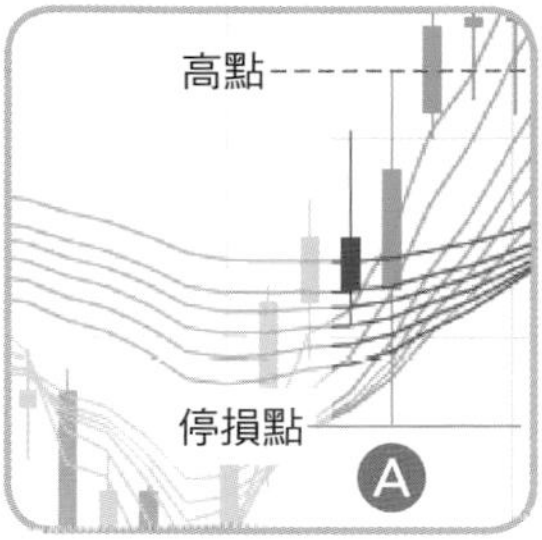

1 GMMA長期組被突破。在outside A的高點被隔天的陽線刷新時買進

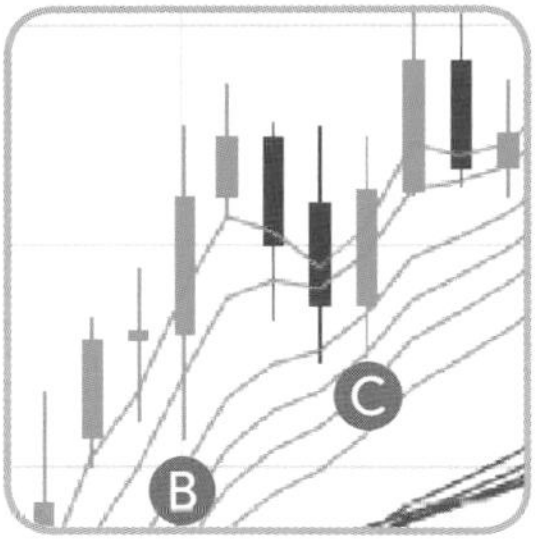

2 outside B、inside C出現的隔天都是追加買單的時機

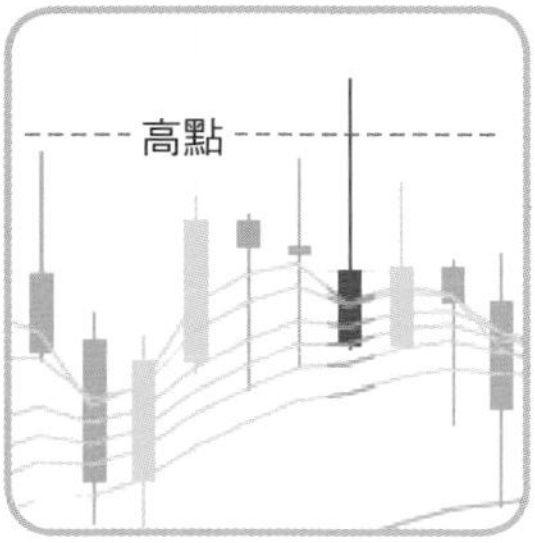

3 在觸及高價線的時候了結獲利

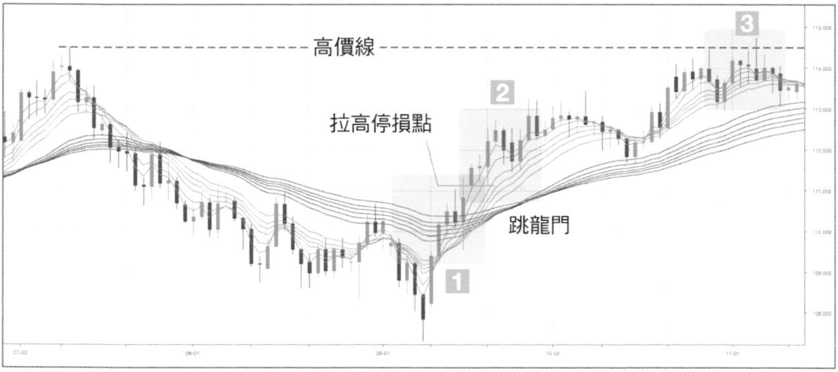

圖3－3　美元／日圓　日線（2017年6月20日～10月3日）

為什麼說順勢操作的依據是假訊號？

把假訊號也當成一種訊號，正是價格行為最大的特徵。

以spike low為例，它本身雖然是典型的觸底訊號，但在下跌趨勢中出現，且以假訊號告終時，就會變成強力的下跌訊號。

圖3－4為澳幣／日圓的日線圖，GMMA出現了「沉魚」訊號，在匯率明顯進入下跌趨勢時，卻如圖冒出了**K線A這條spike low**，而且在A之後又出現了好幾次。

spike low是長下影線的K線，通常代表在低點處出現了新的買進勢力，經常在跌勢即將邁入尾聲時登場。

然而，在如圖中下跌趨勢的初期階段，spike low通常不是新的買進勢力，而是早前已經進場獲利的空頭的獲利了結＝買回平倉而造成的暫時止跌。圖中的GMMA短期組有發散的跡象，長期組的6條移動平均線也出現交叉，剛完成下跌趨勢的排序，是向下趨勢正要開始加速的狀況。在這種情形下，不應對spike low的止跌訊號做出太大的反應。

相反地，GMMA完成了「沉魚」的訊號，故應該懷疑spike low的觸底訊號可能是陷阱，向下的力道將繼續加速。

實際上，圖中的spike low全都僅止於當天，隔天並沒有維持前一天的力道。相反地，在確認

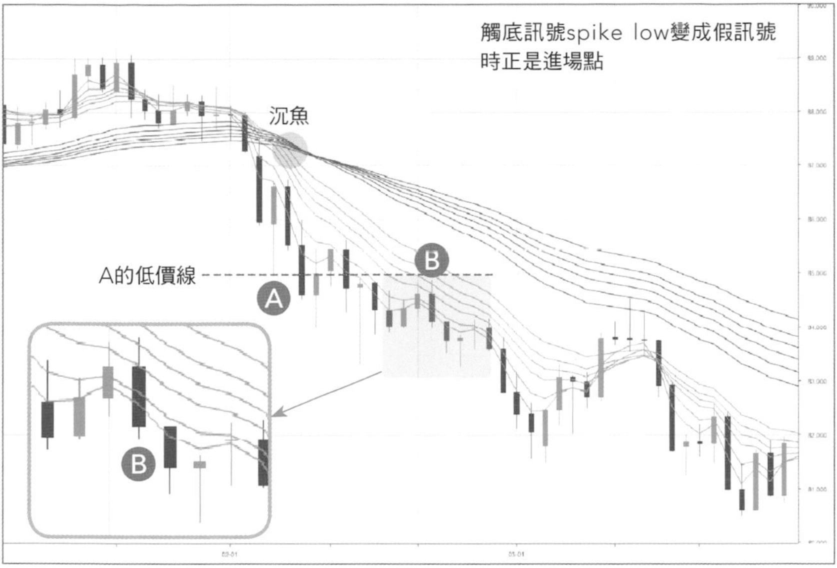
觸底訊號spike low變成假訊號
時正是進場點
沉魚
A的低價線
A
B
B

圖3－4　澳幣／日圓　日線（2018年1月11日～3月28日）

spike low「反漲失敗」，也就是確定其為假訊號時，正是進場做空的好時機。

價格在spike low轉漲失利之後，跌破了spike low的下影線尾端，正是具體的做空進場點。

一度被突破的spike low A的低價線，在之後會形成抵抗帶。例如陰線B在A的低價線遇到阻攔，反而刷新前日低點、完成向空反轉的地方，正是賣出進場的絕佳時間點。

衡量速度調節的時機，回檔買進或反彈賣出

在順勢操作中，鎖定趨勢因投資人的獲利了結而暫時減速，出現回檔或反彈的時機乃是基本戰略。

一如前頁的spike low所示，藉由價格行為尋找與趨勢反方向的訊號，便可及早察知速度的調節時間。若該訊號為假訊號，即可提前預知在速度調節結束後，趨勢將繼續加速。

在圖3－5的澳幣／日圓的畫面右側綠色區域，可從「跳龍門」完成後GMMA的排序得知上升趨勢將會持續，所以應該鎖定**「鯨吞」**訊號後的回檔進行買進。

然而，在鯨吞出現前冒出了一根**大陰線A**，形成將前日陽線完全包住的outside加向空反轉訊號。因此價格也有跌至GMMA的長期組下限，跌破低點的可能性。

不過，這個**向空反轉A**是前一波反轉上升的速度調節的可能性很高，故可推測之後若能重新突破**高價線**、完成假訊號，則上升趨勢反而會重新加速。

這個推論的根據就是低點的**低價線**。這條線是過去箱型整理的低價和下跌趨勢的強支撐線。

觀察顯示之後價格變化的圖3－5a，澳幣／日圓雖然在高價線和低價線間來回震盪，但最後成功在B處再度突破高價線，加速上升。GMMA也出現「鯨吞」訊號，成為絕佳的回檔買進的時機。

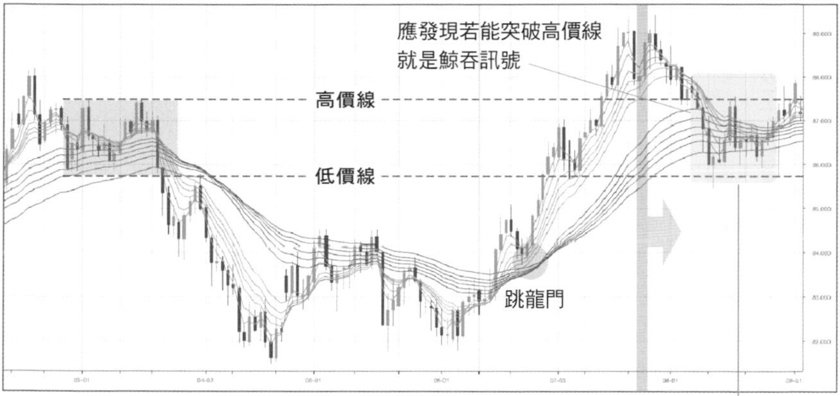

圖3－5　澳幣／日圓　日線（2017年2月2日～9月8日）

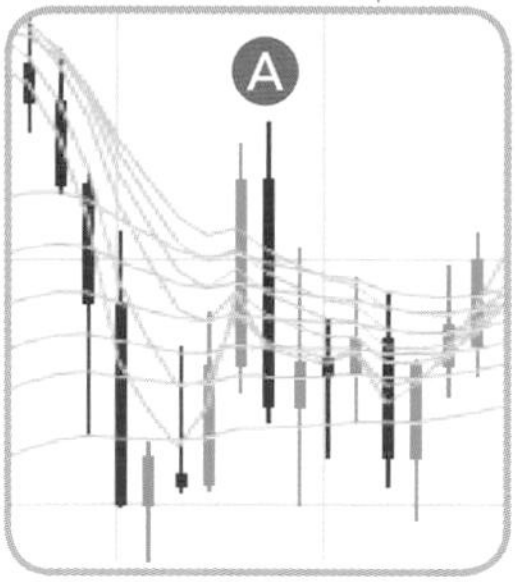

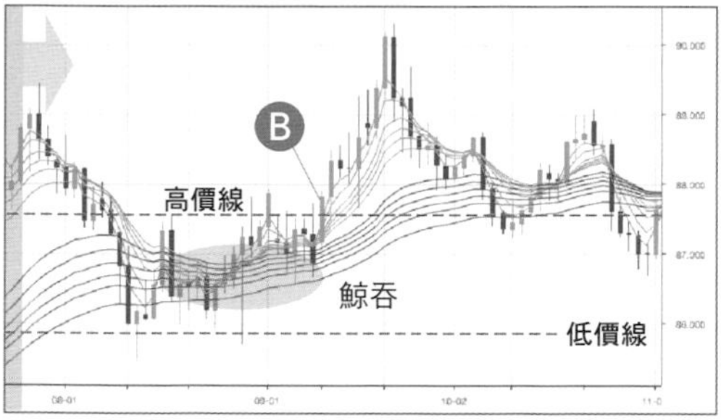

圖3－5a

儘管在震盪途中，一度出現跌破**低價線**的**spike low**，但這個跌破最後變成假訊號，形成了fake setup的訊號。所以除了與趨勢同方向的訊號外，也要注意反方向的訊號。

「適當的回檔」可使上升趨勢加速

可預告趨勢重新加速的訊號，我稱之為「適當的回檔」。例如圖3－6a的概念圖所示，上升趨勢雖然一度轉跌，但又在過去高價線的支撐下重新轉漲的變化型態。

「過去的抵抗帶被突破後即成為支撐帶，過去的支撐帶被跌破後即是新的抵抗帶」，這是價格行為的規則之一。

換言之，「適當的回檔」正是檢驗過去被突破的高價線是否真的「具有支撐帶機能」的波動。這個「回檔（速度調整）」之所以稱為適當，是因為該波動可以檢測低點的支撐帶是否確實發揮支撐的作用。確認支撐帶有發揮作用後，上升趨勢才能重新發力，加速上漲。

以**圖3－6**的澳幣／日圓為例，GMMA的短期組雖然有向上穿越長期組的趨勢，但K線A卻在**高價線①**遇到阻礙，形成**向空反轉**，掉頭下跌。

之後連續出現3條陰線，一路跌至**高價線②**，但接著又出現陽線轉升。而且隨後連續出現幾條陽線，轉而朝上升趨勢加速。

這個朝**高價線②**下跌，然後又反轉上揚的變化，就是「適當的回檔」。**高價線②**的附近正好是GMMA短期組的下限和長期組的上限，由此來看也是強力的支撐帶。澳幣／日圓的匯率故意「適當地」跌至該位置，象徵想在此處了結獲利的多頭「釋放壓力」成功。

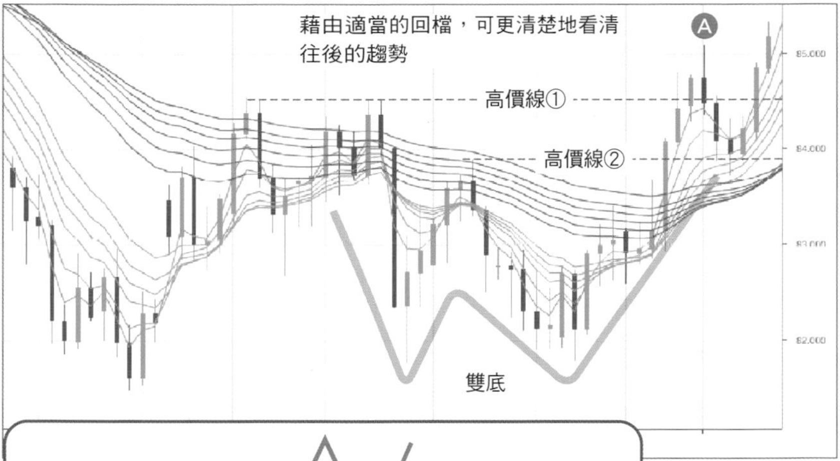

圖3−6
澳幣／日圓　日線
（2017年2月20日～6月28日）

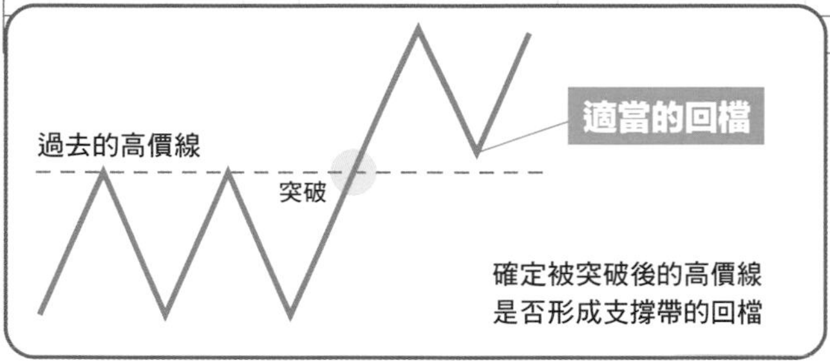

圖3−6 a

多虧其效果，上升的趨勢變得更健全，促成了後面的加速。

再觀察更早之前的價格，澳幣／日圓形成了**雙底**，而**高價線②**恰好是其頸線。從雙底型態的完成即可推知此處已是底部，局面將由箱型整理轉為上升趨勢。

這種「適當的回檔．反彈」不論是上升或下跌，都會在趨勢加速的時候頻繁出現，所以讓我們再來看看一些例子。

注意**圖3−6**的澳幣／日圓的畫面左側，GMMA的「沉魚」訊號出現後，發生了下跌趨勢中的「適當反彈」。

「適當反彈」的發生是因為匯率下跌，空頭進行一波獲利了結、開出買單平倉而造成的。然而，這波反彈在碰到過去由支撐帶轉成的抵抗帶後，空頭又再次在「漲到這裡一定會再下跌」的預期心理下大量建立新的賣倉，使匯率加速下跌。

圖中的澳幣／日圓以大陰線跌破原為箱型支撐帶的**低價線**，釋出GMMA的「沉魚」訊號並進入下跌趨勢。而隨之出現的是3條陽線A。

第三條陽線與接著出現的**向空反轉**被過去的**低價線**壓回，反轉下跌。過去有支撐作用的**低價線**迅速變成抵抗線，由此可知此為下跌趨勢中的「適當反彈」。

某種意義上，可以說這個反彈發揮了使下跌趨勢「健全化」，蓄聚力量、調節速度的機能。

這類「適當的回檔・反彈」是趨勢進行中或趨勢轉換時，投資人進行獲利了結而產生的。然而，這個獲利了結行為是局限在過去高點和低點範圍內的「預期內的波動」，其作用是讓投資人相信今後趨勢將會加速、轉換。

無論是上升趨勢還是下跌趨勢，誰也無法確定何時會結束。在這種戰戰兢兢的氣氛下，因為「預期內的利益兌現」使價格重新整理，這就是「適當的回檔・反彈」。

順帶一提，適當的回檔不只適用於過去的高價線，如**圖3－6a**的概念圖所示，對於有角度的抵抗線、支撐線上的價格波動也同樣適用。

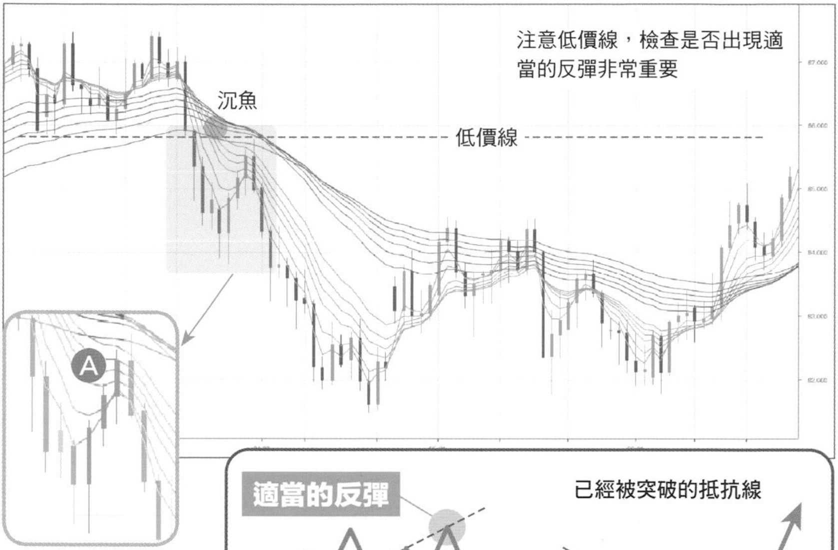

圖3－6
澳幣／日圓　日線
（2017年2月20日
～6月28日）

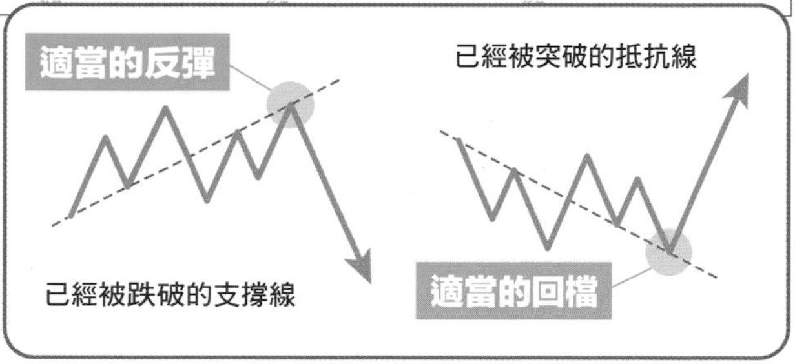

圖3－6a

週線圖與日線圖的比較

愈是剛接觸外匯的初學者，愈容易用「撿便宜」、「趁高賣」等日常消費的習慣做出逆勢操作的行為。雖然單純的逆勢操作失敗機率很高，但同樣是逆勢操作，有時從較長的時間跨度來看也可能是順勢，這種時候便可以在趨勢重新加速的初期搭上趨勢，賺得更多的利益。

仔細想想，在市場上進行判斷和行動的大前提是具有確定性。

但另一方面，市場的本質是不確定的，所以外匯交易在某種意義上是充滿矛盾的行為。而為了解決這種矛盾，就必須具備更高、更宏觀的視野。

而為了得到能俯瞰全局的視野，我建議各位養成互相比照週線圖和日線圖的「外匯投資習慣」。

作為一種順勢操作的手法，用週線圖確認趨勢後，在日線圖上等待價格朝反方向加速，然後再鎖定回歸週線圖方向的瞬間，就能精準地在回檔處買進、在反彈處賣出。

為了用最快的速度掌握日線圖顯示的價格反轉的前兆，最後還是得運用價格行為的知識。

圖3－7為澳幣／美元的週線圖。澳幣／美元的匯率在箱型整理的行情中持續上下波動，連續出現幾根spike high。其上影線高點雖然形成了箱型的**抵抗帶**，但outside的**大陽線**A卻升破了該**抵抗帶**。

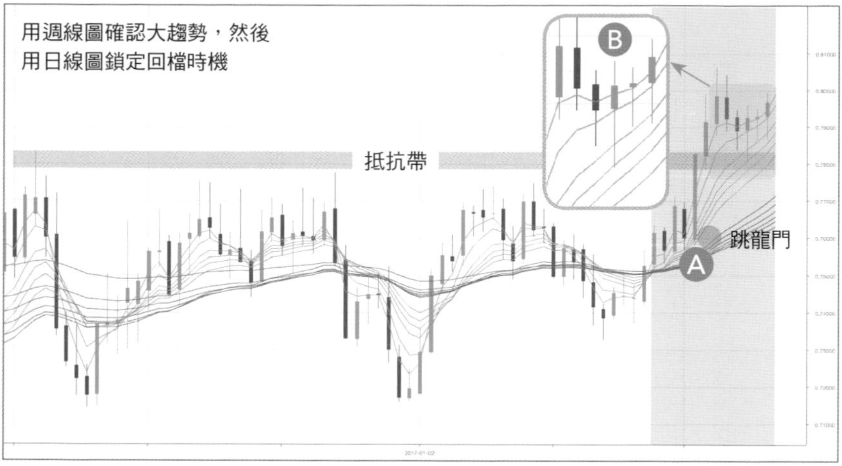
用週線圖確認大趨勢，然後
用日線圖鎖定回檔時機
抵抗帶
B
A
跳龍門

圖3－7　澳幣／美元　週線（2016年4月4日～2017年8月28日）

而最近的K線B雖然一度跌至前週低點下，最後卻漂亮地反攻，成功收在前週收盤價之上，形成**向多反轉**和包住前週所有跌幅的outside訊號。

到這個向多反轉訊號為止的一連串價格變化，可說都是用來檢驗過去箱型的抵抗帶被突破後，是否有轉變成支撐帶的波動，而這正是前一頁看到的「適當的回檔」。

由GMMA的短期組突破長期組的**「跳龍門」**訊號已經出現這點來看，也可預期未來會有一段長期的上揚。

在週線圖觀察到上升的趨勢後，接著當然就是在日線圖上尋找與週線圖方向相同的強力轉升訊號，從較長期的視點鎖定回檔買進的時機。

因此，將**圖3－7**的週線圖期間（**圖3－7的粉紅色帶狀部分**）放到日線圖上分解出每日的動態，便會發現在綠色區域內持續了數日的下跌後，在GMMA長期組的支撐下出現了**大陽線**A。2天後，更連續出現2根更高的陽線。

大陽線A突破了**抵抗線**，同時也突破了前面**向空反轉B**的高點，證明了向空反轉是假訊號，成為箱型整理的終結訊號。

此外，在大陽線A的2天後出現的陽線C牽引下，GMMA的短期組也反轉上揚，眼看就要對長期組形成**「鯨吞」**的訊號。

同時，大陽線A相對之前的K線形成了outside。由**陽線C**跨越了outside的母線高點，可知為上升訊號，因為多個上升訊號同時出現，可推知陽線C是趁回檔買進的大好時機。

後來的價格走勢就如**圖3－8a**所示，持續反轉上升。

像這樣，利用週線圖上出現的價格行為訊號推測長期的走勢，然後用日線圖上相同方向的訊號進行複驗，就可以在某種程度上提高逆勢操作的準確性。

不過，週線圖上的1條K線就相當於日線圖上的5條K線，是花較長時間形成、變動緩慢的訊號。**由於價格行為的主戰場始終是日線圖，因此就算用週線圖確認大方向的趨勢，在判斷買賣的時候仍應以日線圖上的價格行為訊號為準。**

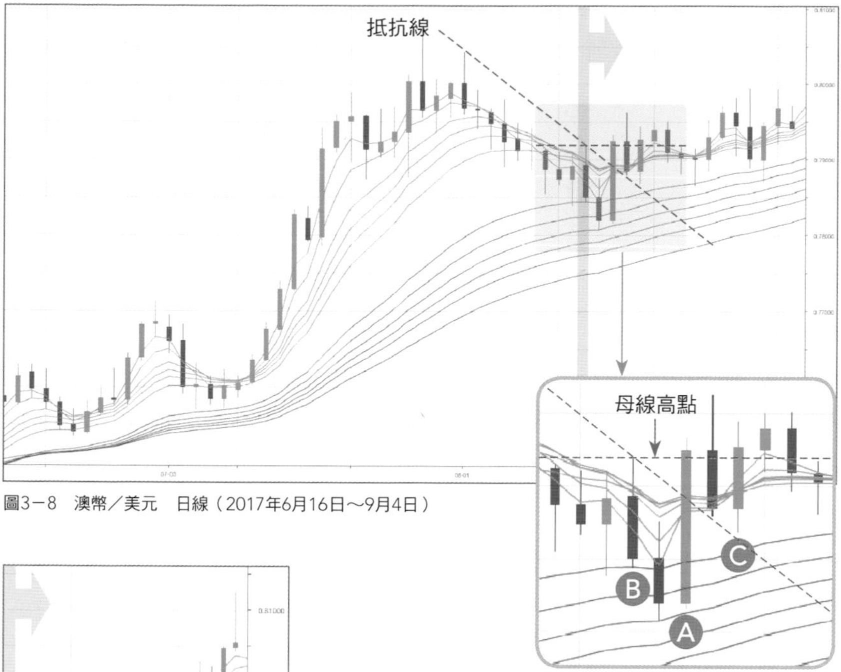

圖3－8　澳幣／美元　日線（2017年6月16日～9月4日）

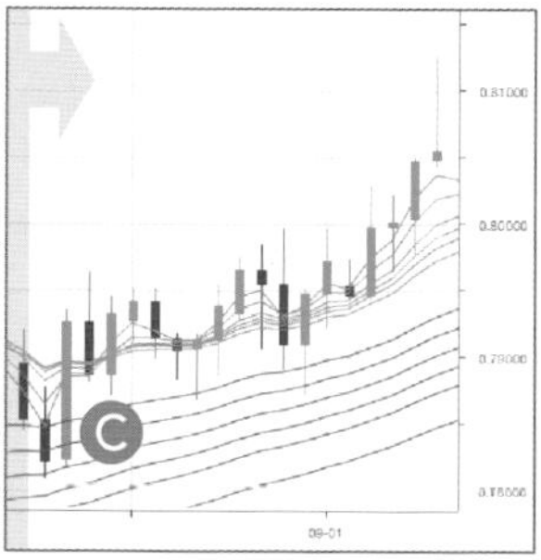

圖3－8a

false breakout與從區間上限跌落

在箱型整理中，可用類似逆勢操作的方法，在箱型的下限買進、在上限賣出來獲利。為此，必須提前看出價格是否會在箱型的天花板和底部反轉。

要判斷價格會不會突破箱型上限失敗而轉跌，最有效的訊號就是false breakout和fake setup等「陷阱類訊號」。

如果突破箱型上限的波動以假訊號告終，反過來跌破箱型下限的可能性就很大，這便是fake setup的意義，但有時在假訊號發生後，要經過很長一段時間才會從反方向突破。

圖3－11的美元／日圓在下跌趨勢的途中形成了箱型。A和B的spike high的上影線高點形成的**抵抗帶**就是箱型上限。K線C雖然一度突破了這條抵抗帶，但最後還是變成一條長上影線的陰線，形成spike high。

這條K線是否會成為fake setup，必須看之後價格能否跌破箱型下限來決定。然而，等匯率跌到那裡卻需要一段時間。

如果慢慢等價格從箱型的天花板跌到底部，就沒辦法在整理行情中獲利了。所以這種時候，即使fake setup還未完成，也可以在長上影線的陰線C突破箱型抵抗帶失敗、形成spike high，且隔天價格又跌破spike high的低點時積極賣出。

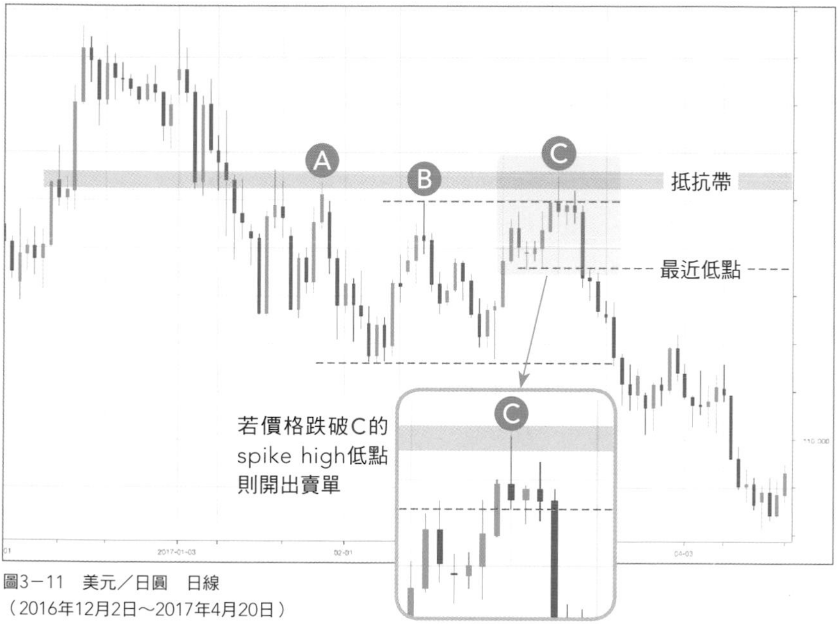

圖3－11　美元／日圓　日線
（2016年12月2日～2017年4月20日）

仔細思考的話，其實價格向上突破卻以失敗告終的買賣痕跡，也就是C的上影線，本身就是非常明顯的假訊號了。既然上行方向的突破是假訊號，那就可以合理地推測價格將朝反方向加速。

如果想更慎重的話，或許可以等待圖中**最近低點**被突破時再進場。因為spike high C的高點突破完全形成假訊號，就是在最近低點被跌破的瞬間。這瞬間也是價格在箱型的上限反轉，朝反方向加速的決定性瞬間，故可說是整理行情中開出賣單的標準時機。

可察知趨勢轉換的價格行為

價格行為在需要提前察知趨勢轉換的時候，也能發揮效用。

強力的趨勢行情，可以用趨勢系指標的王者．GMMA的排序與長期組線束的發散情形等跡象，得到明確的答案。然而，「趨勢是否會轉換」這個問題，很難用趨勢系指標來判斷。例如要區別「是否為回檔（鯨吞）」，或是「趨勢是否轉跌（沉魚）」的時候，在訊號實際完成前是無法判斷的。

愈是這種情況，就愈應該注意價格行為的訊號。因為一個個單獨的價格波動所顯示的「疲態」，正是趨勢由升轉跌必不可少的。

圖3－12是英鎊／日圓的日線圖。舉例來說，在天花板或下跌過程中，如果出現長上影線的spike high或向空反轉，那麼就算無法判斷GMMA會是鯨吞或沉魚，也能強烈地意識到屬於沉魚的可能性較高。

英鎊／日圓雖然在A的位置刷新了高點，但此時的K線卻以陰線的spike high作收反跌。K線明明突破了先前的高點，但這個突破卻是假訊號，形成了false breakout的下跌訊號。隔天馬上出現了大陰線，之後也跌破了**低價線**①並持續下跌。

此過程中出現的長上影線的**K線**B是spike high加向空反轉。提到向空反轉，一般人都以為應

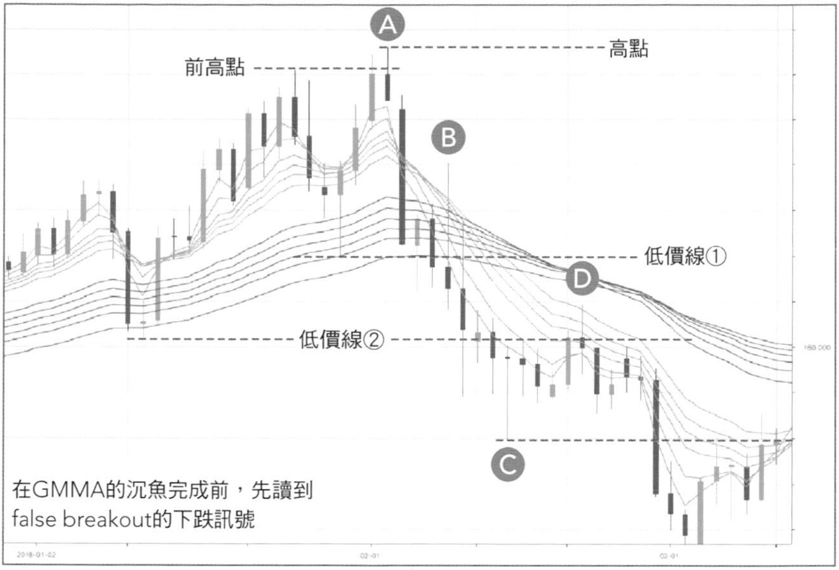

圖3－12　英鎊／日圓　日線（2017年12月5日～2018年3月12日）

該是陽線出現後，緊接著出現陰線的「陽線↓陰線」之形式，但像K線B這種「陰線↓陰線」的向空反轉，下跌的力道反而更強。

之後價格跌破**低價線②**，而且跌勢愈來愈強。然後長下影線的spike low C出現，儘管跌速一度減緩，但馬上又冒出spike high D，並被**低價線②**壓了回去。價格被轉變成抵抗帶的**低價線②**壓回，完成了「適當的反彈」，繼續下跌的跡象濃厚。在這個反轉下跌的時間點，應該注意後續spike low C的下影線低點是否被跌破。

如果被突破，由於spike low的上升訊號以假訊號告終，因此是下跌加速的訊號。

觀察GMMA，已出現短期組跌破長期組的「沉魚」訊號。應該一邊在**低價線②**稍上處設置停損點，一邊進場賣出。

此後英鎊／日圓的價格就如**圖3－12**所

示，沒能實現趨勢的轉換，跌破了spike low C的低點，大跌了超過1日圓。

像這樣，在GMMA的趨勢轉換訊號出現後，尋找過程中出現的個別價格波動的價格行為訊號，具體且詳細地推理出「趨勢轉換是否會成真」、「萬一成真的話，應該在哪裡進場最好」，正是兩者結合的強處。

※　※　※

順帶一提，由下跌趨勢轉換到上升趨勢時，其早期階段一定會以不固定的順序經過以下三個階段。

1．跌破過去低點失敗轉升

2．升破過去的抵抗線

3．升破過去的高點

我將此稱為「1－2－3法則」，視其為趨勢轉換的早期訊號。

以圖3－13的美元／日圓為例，圖中出現了兩條長下影線的陰線，跌破前波低點失敗，成功實現了①的低點反彈。然後又突破了②的抵抗線，且**大陽線A**突破③的最近高點，完成了1－2－3法則。雖然GMMA的「跳龍門」訊號眼看著也快要完成，但運用這個方法，可以更快察知趨勢將轉為上升。大陽線A之後，美元／日圓在B的區域雖然暫時下跌，但此「適當的回檔」正是上升趨勢即將開始的號角。

1－2－3法則的訊號有時發生的順序會改變，不過當三個訊號全部完成就是趨勢轉換的徵兆，這是可以在初期便提前發現趨勢轉換的貴重訊號。

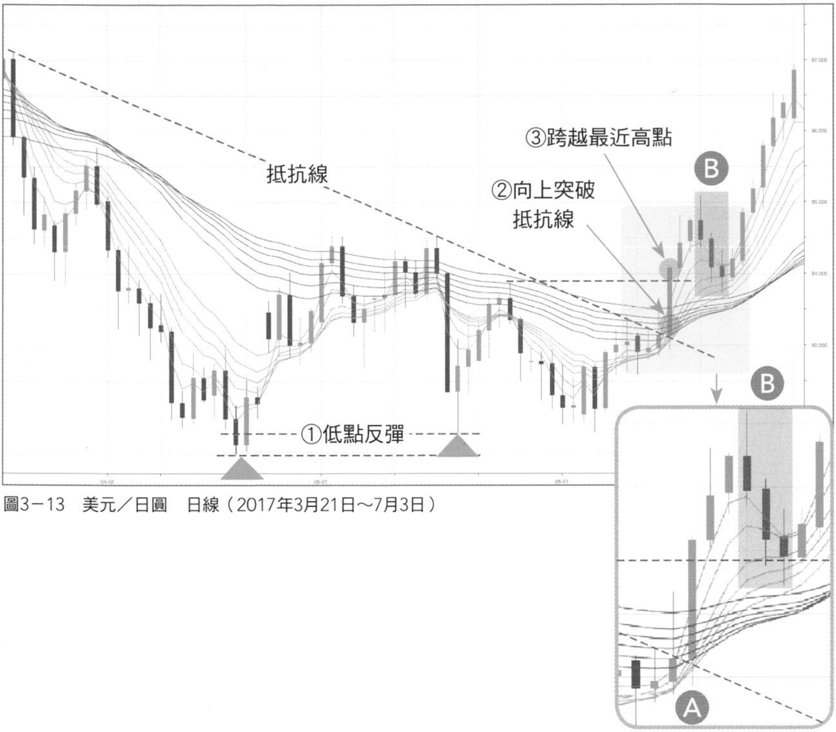

圖3－13　美元／日圓　日線（2017年3月21日～7月3日）

top out（觸頂）與價格行為

再強的趨勢也有結束的一天。趨勢結束後，產生反向趨勢的可能性很高，如果能在初期就察覺到趨勢的轉換，便可獲得極大的利益。

然而愈強的趨勢，觸頂或觸底所花費的時間就愈長，而且價格波動的型態也愈加複雜。話雖如此，還是有簡單的判斷方法，因為所謂的觸頂或觸底，無非就是價格被重要的抵抗帶或支撐帶擋下。而價格行為正是尋找這類抵抗帶和支撐帶的寶貴工具，可以用最快的速度告訴我們強趨勢是否觸頂。

圖3－14是歐元／美元的日線圖，匯率在畫面右側急轉直下，出現了GMMA的**沉魚**訊號。上升趨勢觸頂後轉為下跌趨勢的可能性很高。回頭觀察歷史價格，歐元／美元第一次碰到抵抗帶是在畫面左側的**高點**。當天的K線A是條上影線很長的spike high，顯示了在高價圈有條非常強大的抵抗帶。此後雖然出現了**向多反轉**B試圖挑戰高點，卻再次失敗。特別是**大陰線**C相對前日的陽線形成了outside，再次確認了這是重要的抵抗帶。

這裡要注意的是，**K線C不僅是outside，同時也是向空反轉，更重要的是，spike high A刷新過去高點卻轉跌的false breakout訊號。**

結果，歐元／美元的匯率沒有馬上轉換趨勢，維持了一段箱型整理。然而，只要看看大陰線

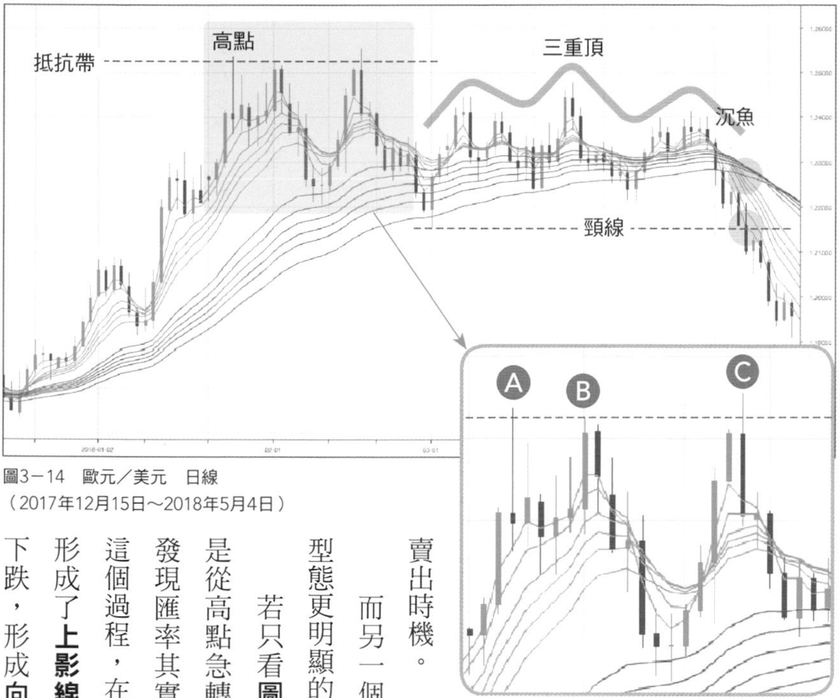

圖3－14　歐元／美元　日線
（2017年12月15日～2018年5月4日）

C的false breakout，即使市場在高價圈拉鋸，應該也能意識到上升趨勢已經失速，快要反轉的可能性才對。其後，歐元／美元的匯率沒能站回A、B、C三條K線顯示的抵抗帶，形成**三重頂（頭肩）**後急跌。在該型態完成、價格跌破頸線的時間點，GMMA的**「沉魚」**也隨之完成，這是絕佳的賣出時機。

而另一個跟本頁的歐元／美元結構相同，但觸頂型態更明顯的例子，則是同一時期的英鎊／美元。

若只看**圖3－15**的英鎊／美元的最右側，感覺像是從高點急轉直下的V型反轉，但從全體來看，便會發現匯率其實已經花了很長的時間形成天花板。回顧這個過程，在上升趨勢加速後出現了spike high A，形成了**上影線的高點**。隨後價格沒能到達高點，反轉下跌，形成**向空反轉**B，由此可知K線A的**高價線**為很強的抵抗帶。

之後，價格雖然一度跌至圖中的**低價線**，但又上漲了一段時間。

到達高價線當日的K線C雖然一度刷新高點，但又在同一天內轉跌並以陰線作收，放出了明顯的false breakout訊號。

在價格行為中，假訊號是比普通訊號更強的訊號。因此，比起outside和向空反轉，突破高點的假訊號false breakout是更強力的下跌訊號。

不僅如此，K線C之所以變成false breakout，是因為價格曾暫時突破高價線，而這個高點乃是spike high的上影線頂點，本身就是一種假訊號。**如圖中的例子，價格升破長上影線的頂點，卻以假訊號告終時，就形成了false breakout和spike high的強力雙重複合訊號。**

雖然在型態分析中已形成雙頭的型態，但仍需等待價格跌破頸線的**低點**，雙頭才算完成。

然而，由K線C的強力false breakout來看，我們可以在此訊號出現之後馬上進行試探性的賣出。

實際上，同訊號出現之後，匯率幾乎是一直線地下跌，如果在K線C突破高點的失敗處沒有察覺「這是false breakout」，恐怕就很難跟上這波急跌，錯過進場的時機。

這是個告訴我們應該在訊號出現後快速反應，及早跟上趨勢的重要例子。

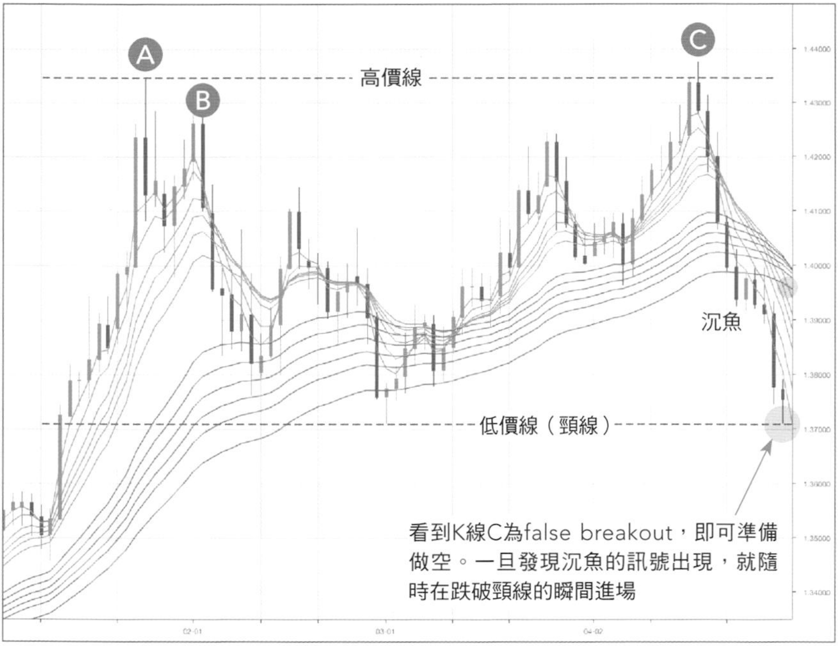

圖3－15　英鎊／美元　日線（2018年1月5日～4月30日）

主要抵抗線的強化與突破

作為一種趨勢轉換的型態，有時候價格行為顯示的強力抵抗帶或支撐帶在最後的最後被突破時，價格會一口氣轉漲或轉跌。

圖3－16是2017年4月前後的英鎊／日圓，在下跌趨勢的最後，出現了價格持續緩慢下探的現象。在這個過程中，連續出現了好幾根長上影線的**spike high**，畫出了**高點的抵抗帶**。而且匯率仍不停地往下切。

之後K線A雖然一度反彈，爬升到spike high的上影線頂點，但剛好在碰到GMMA長期組的上邊界時被壓回跌落。這又是一根長上影線的spike high型態，感覺抵抗帶變得愈來愈堅固。

線圖上的抵抗帶或支撐帶，每突破失敗一次就會受到強化。或者換句話說，投資人會愈來愈在意那個邊界。一旦突破失敗三次，除非抵抗線被很強的買進力道衝破，否則繼續緩慢下跌的可能性很高。

然而，隨著2017年4月中旬舉行的法國總統選舉，馬克宏的聲勢逐漸壓倒勒朋，原本有破底跡象的英鎊／日圓突然跳出**大陽線**B，掉頭急漲。而在選舉結果出爐的4月24日，更直接衝破了抵抗線。當天的K線雖然以大陰線作收，但抵抗線已轉變成支撐線，撐起了價格的低點。

因為中間隔著週末而形成的「缺口（K線的開口）」＝跳空本身與轉變成支撐線的抵抗帶一

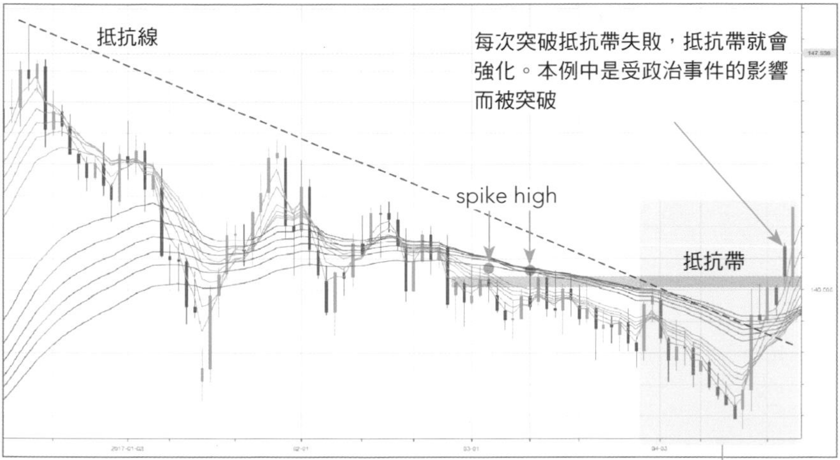
抵抗線
每次突破抵抗帶失敗，抵抗帶就會強化。本例中是受政治事件的影響而被突破
spike high
抵抗帶

圖3－16　英鎊／日圓　日線
（2016年12月13日～2017年4月25日）

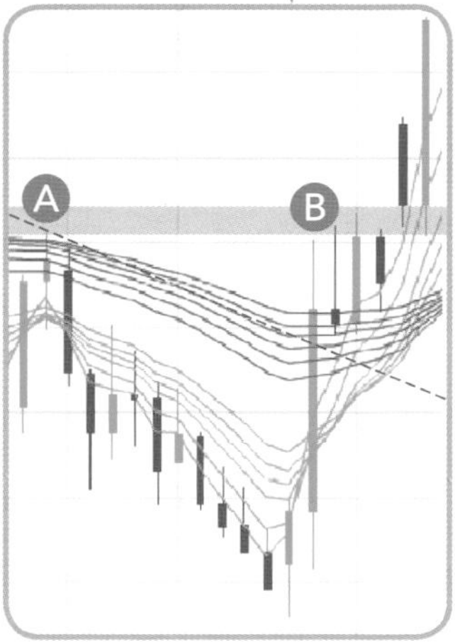
A
B

致，所以這個缺口並不會被填補，繼續上揚的可能性非常高，而實際上，英鎊／日圓在之後的確一轉跌勢，快速轉入急漲的上升趨勢。

由GMMA來看，從跳空上揚的隔天到再隔天，出現了「跳龍門」的訊號。因為價格行為與GMMA出現了同方向的訊號，所以這個跳空處是進場做多的絕佳良機。

gap reversal（缺口填補）的否定與趨勢轉換

圖3－17與前頁的英鎊／日圓一樣，是2017年4月前後的美元／日圓的日線圖。這是一個好例子，顯示隔著週末而形成的缺口吹響了趨勢轉換的號角。

美元／日圓在畫面左側出現了GMMA的**「沉魚」**訊號，維持著下跌趨勢。然而受到4月23日週日的法國總統大選結果影響，隔天24日週一早上，價格跳空一口氣翻漲。

K線之間一旦出現**缺口**，之後便很容易發生俗稱「缺口填補（gap reversal）」的填補現象。以圖中的情況來說，雖然匯率一鼓作氣跳空飛越了**抵抗線**，但因為最後是以陰線作收，所以仍有缺口填補的疑慮。

然而，隔天卻出現了大陽線包住整條陰線的outside，並從過去的抵抗線轉為支撐角色、反轉上揚的現象，這也證明了陰線的下跌乃是「適當的回檔」。跨週末的跳空不是假訊號而是真的，成為美元／日圓觸底，以及價格明確轉入上升趨勢的訊號。

隔天雖然出現了長上影線的**spike high陰線**，使上升跡象蒙上陰影，但隨後又連續出現**陽線**，而且突破了spike high A的上影線頂點。在陽線出現的時間點，還無法確定GMMA短期組與長期組的交叉，究竟會發展成鯨吞或是跳龍門。不過，因為價格行為面已經出現強力的上升訊號，所以可進行試探性的買進。

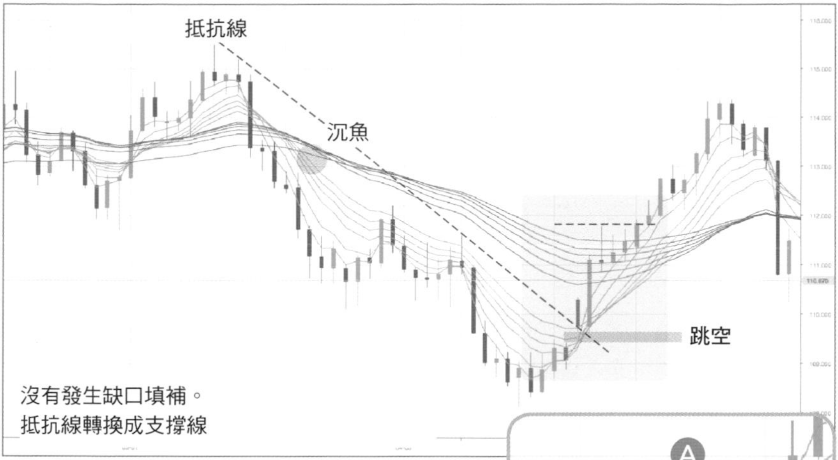

圖3－17　美元／日圓　日線（2017年2月15日～5月18日）

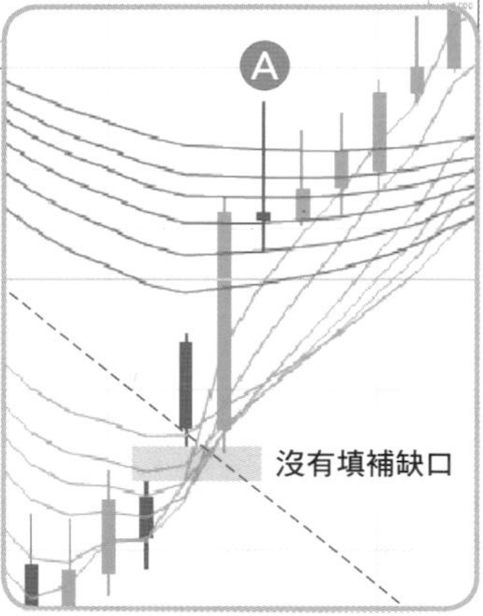

在趨勢發生轉換的初期階段，K線會先後試圖穿過GMMA的短期組和長期組。趨勢轉換的第一個訊號大陽線的outside、隔天的spike high，以及後面突破spike high上影線頂點的陽線，全都發生在GMMA長期組和短期組的內部。如果有留意「GMMA的線束內部出現了何種價格行為訊號」，就能提前察知趨勢的轉換。

圖3－18的美元／日圓是圖3－17的美元／日圓在觸及高點下跌後，重新轉揚的價格變化。**大陰線B**跌破了在下跌加速的局面中出現的spike low A的下影線最低點，刷新了低點。因為「下跌趨勢＝價格持續刷新低點」，所以此時可判斷下跌趨勢將持續。

之後較細微的價格變化，則如下半部的放大圖所示。大陰線B之後的K線，雖然下影線刷新了低點，但接下來2根K線的下影線都沒能繼續向下突破，反而節節上升。

這裡要注意的是，B的下下根K線的下影線，都停在與B的收盤價和隔天開盤價相同的價格帶。雖然是非常不好判斷的訊號，但從前2天的K線實體下緣形成支撐，撐住當日下影線低點的狀況來看，可以視為「觸底的預兆」。

無論如何，由於K線從B的2天後開始，連續2天的最低價都往上爬升，此階段已經滿足了「1－2－3法則」的「1」的條件。

不僅如此，自B算起第3天的陽線下影線和上影線都很長，且上影線的部分碰到了由下跌趨勢的高點連成的抵抗線。

雖然嘗試突破卻以失敗告終，但未來只要繼續上升，仍可滿足突破抵抗線和最近高點的條件「2－3」，這點也可簡單預測到。

在趨勢轉換或箱型整理中的價格反轉，一定會出現138頁看過的「1－2－3法則」。由跌轉升的局面中發生的是①匯率沒有跌破最近低點、持續上升，②突破過去的抵抗線，③跨越最近高點這三者。

只要謹記這項法則，就能在1～3的階段實際發生之前，提前預想此一動態並進行分析和預測，尋找買賣的時機。

而在實際的走勢中，K線B的下影線形成的支撐帶雖然被spike low C突破，看似一片混亂，不過接下來的**大陽線D**又重整旗鼓，同時達成「2突破抵抗線」和「3跨越最近高點」的條件，

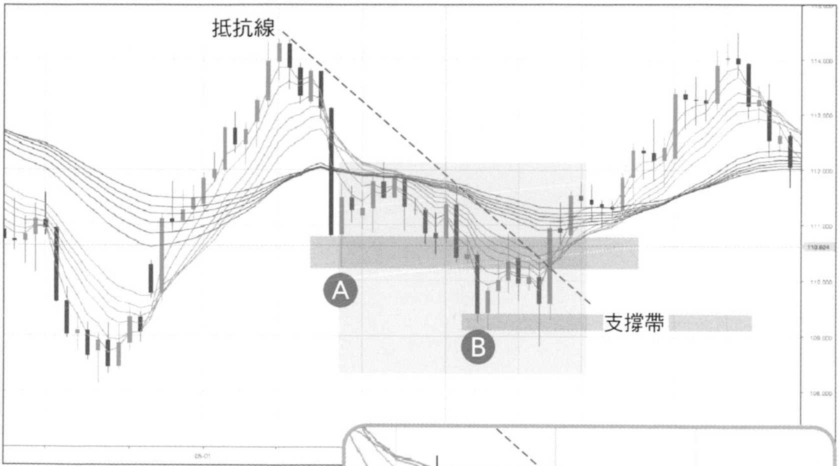

圖3－18　美元／日圓　日線
（2017年4月5日～7月18日）

B的下影線形成支撐帶，陽線D向上突破抵抗線時，即可判斷為觸底的預兆

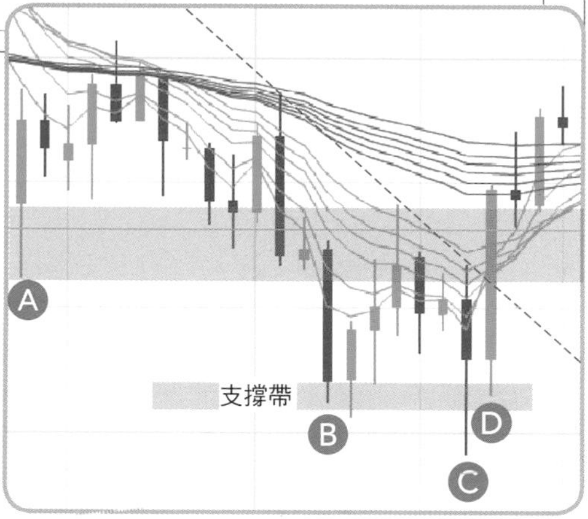

圖3－18局部放大圖

完成了「1－2－3法則」，使美元／日圓之後轉換至上升趨勢。

如同上述，除了「刷新高點或低點的價格變化」外，同時詳細觀察「沒有刷新高點．低點的價格變化」，就是在早期掌握趨勢轉換的基本觀察法。當然，如果只有出現1－2－3法則中的條件「1」，就還稱不上是觸底的訊號，只能說已經完成訊號出現的準備。

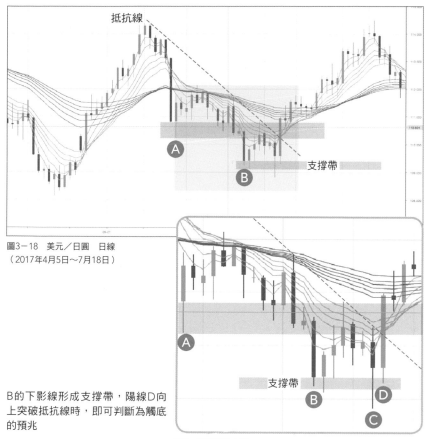

不過，要是看到價格沒有跌破低點的現象，就應該自然地去想像價格可能在何處、以何種方式突破抵抗線和過去高點。

請養成一邊注意GMMA等趨勢系指標，一邊去解讀「下兩步發展」的習慣。當然，實際的進場仍應等到價格突破抵抗線和刷新高點的「1－2－3」步驟全都完成。

以前面介紹的例子來說，在K線D的高點被突破、轉換至上升趨勢的瞬間，就是第一波試探性買進的時機。

綜觀圖3－18便會發現，GMMA的趨勢轉換訊號「跳龍門」的完成，是在那之後非常遙遠的事。然而，只要牢記「1－2－3法則」就能遠在跳龍門出現之前，提早掌握布局的機會。

第4章

搭配性出眾！
追蹤交易和價格行為&GMMA
也能用於虛擬貨幣！

自動重複型下單跟PA＋GMMA的搭配性出眾

至此為止，我們已在本書中驗證了價格行為和GMMA的有效性，並看了許多在實戰交易中組合活用兩種手法的事例。由於價格行為分析的是價格的變化本身，因此不只是外匯保證金交易，對於大多數具有價格波動的金融商品都有可能加以應用。

平時我習慣使用以線圖為依據的操作手法，不過本章為了讓各位更進一步體驗價格行為＋GMMA的潛力，我將介紹如何應用它們進行幾種比較特殊的交易。

首先是應用於外匯保證金的「自動重複型」下單機能。近年的外匯交易，十分流行所謂的「自動重複型」下單機能，有很多間外匯公司都有提供這類功能。這跟全自動下單的系統交易不一樣，而是跟一般的交易一樣，由投資者自己建立部位，然後每隔一段時間由系統自動重複「買進」或「賣出」的下單功能。

為本書提供參考圖的FX Broadnet公司也有提供名為「追蹤交易」的自動重複型下單機能。此功能需要使用者先選定「買」或「賣」的方向，一開始若選定「買」，當上升趨勢持續時，系統就會以一定的升值幅度，自動進行獲利了結。相反地，若設定「賣出」，便會在下跌趨勢中獲利。也就是說，只要找到趨勢的起點進場，就能由系統自動替你實現獲利。

而判斷趨勢的產生和持續與否，正是本書介紹的價格行為＋GMMA最擅長的事。由於很多

只要運用追蹤交易功能，就能自動將所有的價格波動轉換成利益

但萬一搞錯上升或下跌的趨勢就糟了，這時就輪到 GMMA 和價格行為出場！

●追蹤交易概念圖

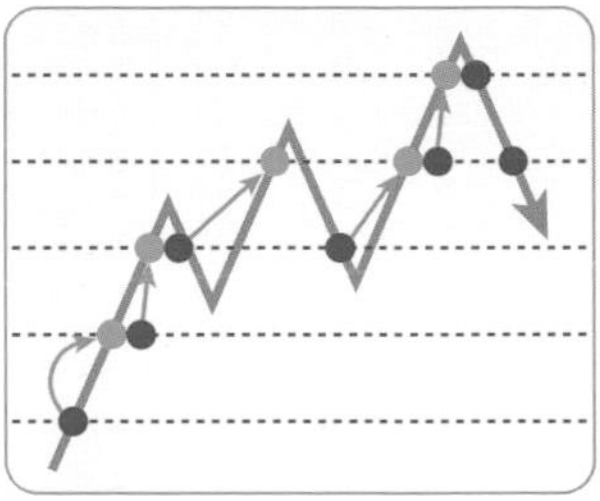

● 新倉 買單
● 平倉 賣單

▶新倉 賣單　◀平倉 買單

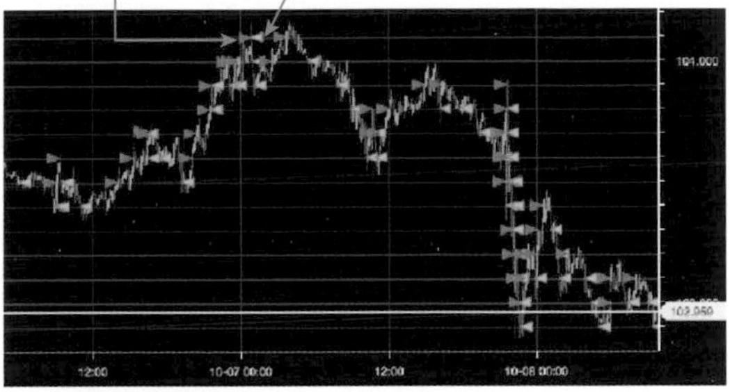

追蹤交易實際運用例（美元／日圓　5分線）

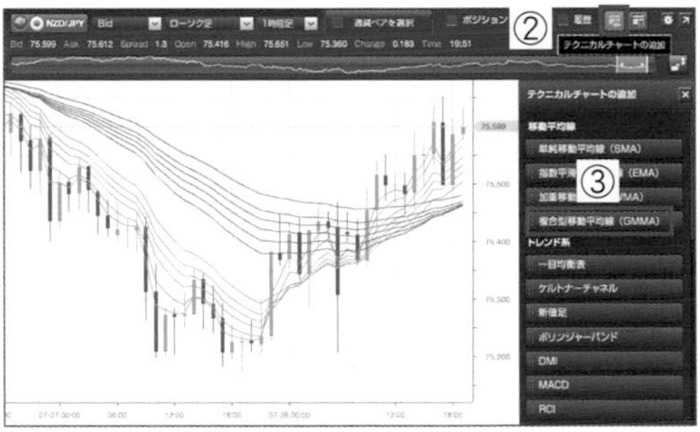

https://www.fxbroadnet.com/

GMMA表示順序

①從FX Broadnet的官網下載「下載版交易工具」

②點選技術圖表的新增按鈕

③點選複合型移動平均線（GMMA）

投資人雖然懂得停損，卻不擅長兌現獲利，這類人就可以考慮使用此類下單功能。

如右上圖所示，在FX Broadnet的線圖上，可以顯示自動下單的下單情形和交易紀錄，對於管理個人交易成績相當方便。我們進行交易判斷時所需的GMMA也能顯示出來，非常推薦大家使用。

用GMMA判斷方向，用PA判斷繼續持有或離場

那麼下面讓我們以追蹤交易服務為例，看看如何結合自動重複型的下單功能和價格行為＋GMMA吧。

使用追蹤交易，首先最重要的就是「不能搞錯買賣的方向」。雖說是「自動下單」，但實際的行為跟普通的外匯保證金買賣沒有什麼不同，若市場趨勢往上則「買進」，若往下則「賣出」。

一如在序章中介紹過的，市場的價格波動存在著獲利了結和停損導致的小反彈或小回檔。而追蹤交易功能能夠以幾毛為單位鎖定這些微小的利差，所以只要市場的大趨勢和買賣方向抓對了，理論上就能靠自動下單不停累積獲利。

GMMA可以為我們這些容易被短期的價格波動吸走注意力的投資人，提供市場的「俯瞰圖」。而這跟追蹤交易必須掌握市場大方向的性質再契合不過。若GMMA與K線共同朝右上方移動，且順序整齊、移動平均線發散，則可判斷為明顯的上升趨勢，應在追蹤交易中選擇「買進」。而價格走勢和GMMA的方向若是相反，則當然應該選擇「賣出」。

同時，利用趨勢的交易會在趨勢結束、轉換時停止。

GMMA雖然可以清楚地顯示市場的狀態，但要找出趨勢的起點和轉換很花時間。這點則是價格行為較優。pin bar或spike連續出現的價格帶，正是價格走勢容易發生轉變的支撐帶、抵抗帶

由GMMA顯示的趨勢決定「要買或賣」，然後參考價格行為顯示的波動幅度建立「預期變動幅度」，便有可能做最有效率的運用

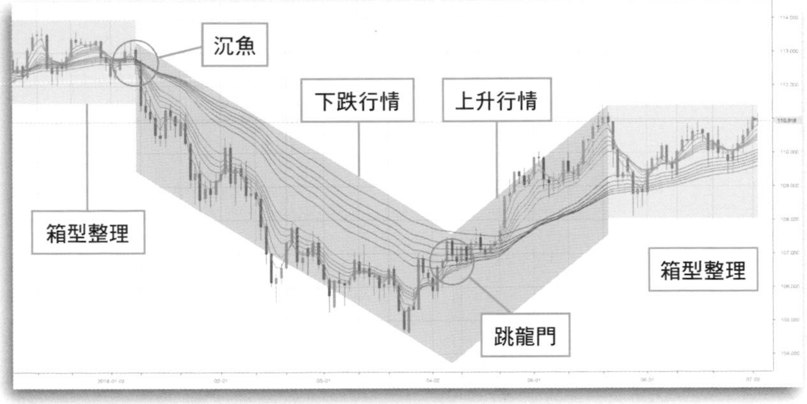

圖4－1

訊號。

提前留意這些水位，一旦發現支撐帶或抵抗帶上出現反轉或false breakout等價格行為訊號，就應該考慮終止追蹤交易。

趨勢結束時，有時會出現短期的箱型結構，而自動下單系統也非常適合用在這種地方。操作時可以檢查價格行為訊號出現後，或是GMMA上價格的方向，判斷要繼續或停止自動下單。

PA和GMMA也能用於分析比特幣等虛擬貨幣的價格變化

只要是在市場上買賣、具有價格變化，無論何種金融商品都能用價格行為方法來分析。用來分析2017年價格暴漲了20倍之多的比特幣等虛擬貨幣時，當然也能發揮其威力。一般普遍認為，虛擬貨幣的交易投機性很高，大多數的投資人都是想靠炒作獲利的短期投資者。從這層意義來看，使用可以解讀投資人心理的價格行為訊號來分析虛擬貨幣，效果肯定會比外匯商品更好。

圖4－2是比特幣在2017年12月前後，價格達到230萬日圓高點時的週線圖。在攀上歷史性高點的過程中，比特幣的週線圖在天花板附近出現了代表上升力道消失的spike high A。圖中綠色區域的K線，全部都被包在**K線A**之內，相當於inside訊號。

比特幣的價格在A的最高點轉跌、在最低點回升，形成了「三角旗型」的K線型態。而價格跌破三角旗型下緣就是最初的下跌訊號。

而補上第二擊的則是跌破inside母線低價線，也就是K線A下影線最低點的K線。

緊接在這兩個強烈的下跌訊號之後，則是長上影線的**陰線**B。B的上影線雖然一度爬回三角旗型的下緣部分，但最後在「支撐帶被跌破後就會轉為抵抗帶」的原理作用下，還是被壓了回去。結果，價格跌至前日收盤價之下，亮起向空反轉的訊號。

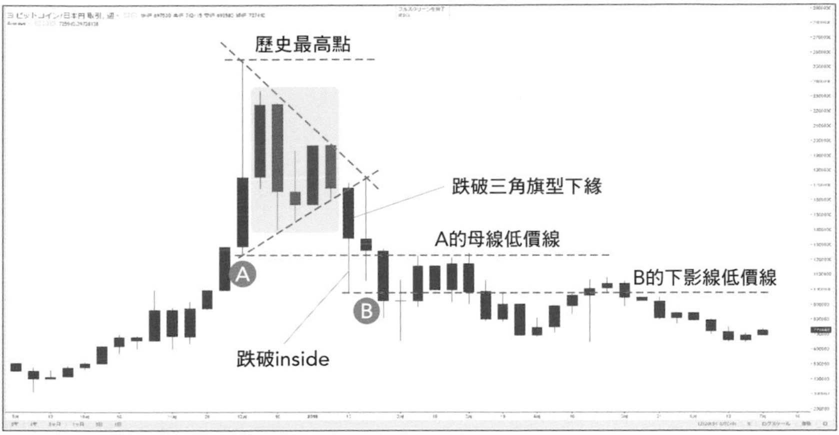

圖4–2　比特幣　週線（2009年9月～2010年7月）

不僅如此，價格雖然一度爬過A的下影線低價線，但因為馬上又被擋回去，所以也亮起了fake setup訊號。換言之，從K線B的登場即可馬上判斷出「比特幣的歷史性暴漲很可能快要結束」。

雖然比特幣沒有實體，相當難理解到底為什麼會飆漲，但從價格行為的觀點仔細分析其週線圖，便能用相對客觀而全面的角度找出變化模式和分歧點，冷靜地應對暴漲暴跌的現象。

目前為止的比特幣，比起實際需求，更多的是因為投資人的心理而產生價格的波動，交易量跟外匯保證金相比也少得可憐，所以很容易被未確認的消息左右而上下震盪，或是被投資大戶的買賣動向主導，呈現一面漲或一面跌的情況。由於比特幣具有上述性質，因此線圖上經常出現極端長的影線或大陽線、大陰線，這是比特幣的一大特徵。

這一點，只要熟悉價格行為中「對影線的處理」，便會知道要把spike low的下影線當成之後價格波動的支撐帶。還有，在上升過程中若出現長上影線的spike high，就代表上升力道很可能會暫時減弱，可以提早進行準備。

若上影線漲破了目前箱型的天花板，卻沒能成功突破，轉跌收盤，則必須懷疑是false breakout或fake setup的可能性。我認為虛擬貨幣的價格變動，比外匯保證金更適用「假訊號等於反方向強訊號」的思維。

比特幣的價格變化背後，是新進場的投資人的買方勢力，跟已經持有大量比特幣的投資大戶的賣方勢力間的「爾虞我詐」。而在雙方攻防中出現的訊號，尤其是最引人注目的假訊號和影線，都會對投資人的心理產生極大影響，成為之後價格變化加速、失速的原動力。

左頁的**圖4－3、4－4**是比特幣的日線圖、4小時線圖。從兩者的時間軸可以看出價格行為的操作原則，對於價格波動的預測有很大的幫助。由此可見，價格行為是對任何金融商品的價格波動都適用的萬能分析工具。

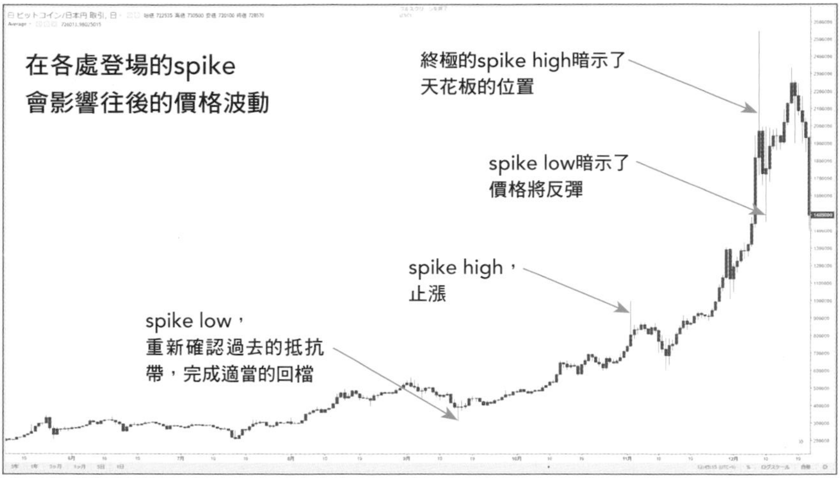
在各處登場的spike
會影響往後的價格波動
終極的spike high暗示了
天花板的位置
spike low暗示了
價格將反彈
spike high，
止漲
spike low，
重新確認過去的抵抗
帶，完成適當的回檔

圖4－3　比特幣　日線（2017年5月15日～2017年12月20日）

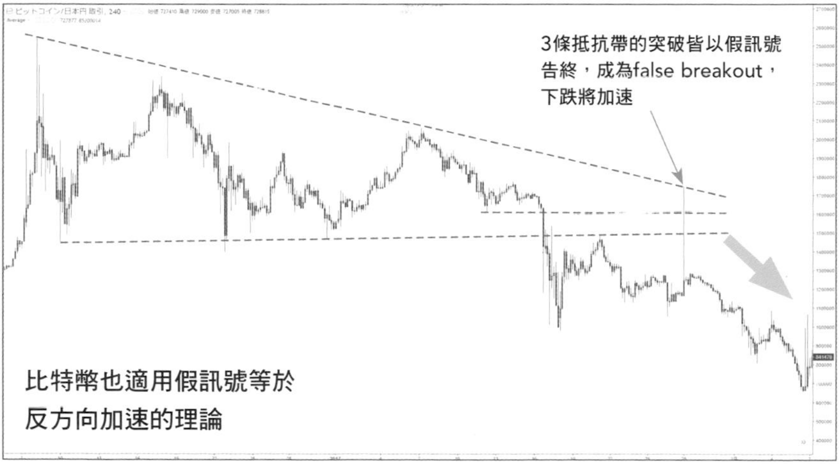
3條抵抗帶的突破皆以假訊號
告終，成為false breakout，
下跌將加速
比特幣也適用假訊號等於
反方向加速的理論

圖4－4　比特幣　4小時線（2017年12月6日～2018年2月6日）

【作者介紹】

陳 滿咲杜（Chin Masato）

旅日華僑，祖籍浙江寧波。日本大學經濟學部畢業後進入報社及證券公司工作。1998年日本修訂《外匯管理法》後率先進入黎明期的外匯界工作，其後作為首席經紀人赴美國研修，先後作為交易員及技術分析師嶄露頭角。2001年返回日本後參與創立並歷任多家知名外匯交易公司副總裁及首席分析師等要職，培訓了大量業界骨幹。

2008年成為獨立分析師，為日本金融交易所及多家證券、外匯、期貨公司提供諮詢和授課服務，在日本金融界享有盛譽。2008年處女作《從和服交易員畢業—陳 滿咲杜的外匯真諦》連續4個月獨占日本金融類暢銷書榜首，其後的9本著作均名列前茅，其中2009年所著《CFD交易入門》更是日本首部有關CFD交易的著作。

目前主要擔任陳氏同仁投資公司總裁、GLA投資顧問首席分析師，同時是CCTV東京電視台特約講師、日本知名財經網站ZAI特約專欄作家，並在日經廣播電臺擁有長期冠名節目（陳 滿咲杜的FX趨勢），為知名財經、外匯主播。日本技術分析師協會正會員、日本金融先物取引業者協會（期貨交易者協會）內部管理責任者。2013年底作為新華商代表獲得CCTV「新年新華商」節目專題報導。

HOME HP：chinmasato.com
WECHAT ID：fxschooljp

外匯交易圖表分析入門

從新手變行家，勝率逾7成的投資獲利術！

2019年6月 1 日初版第一刷發行
2024年7月15日初版第四刷發行

作　　者　陳 滿咲杜
譯　　者　陳識中
副 主 編　陳正芳
美術編輯　黃郁琇
發 行 人　若森稔雄
發 行 所　台灣東販股份有限公司
<地址>台北市南京東路4段130號2F-1
<電話>(02)2577-8878
<傳真>(02)2577-8896
<網址>https://www.tohan.com.tw
郵撥帳號　1405049-4
法律顧問　蕭雄淋律師
總 經 銷　聯合發行股份有限公司
<電話>(02)2917-8022

國家圖書館出版品預行編目資料

外匯交易圖表分析入門：從新手變行家，勝率逾7成的投資獲利術！ / 陳 滿咲杜著；陳識中譯. -- 初版. -- 臺北市：臺灣東販, 2019.06
160面；14.8×21公分
ISBN 978-986-511-014-7 (平裝)

1.外匯交易 2.外匯投資 3.投資技術

563.23　　108006463